paris/est/à/nous/

Paris en fauteuil

Lucie **Fontaine**
Jean-Baptiste **Nanta**

PARIGRAMME

Remerciements
Un grand merci pour leur aide et leur soutien à Lola, Dominique, Maya et Pierre, Marine, Élisabeth, Virginie et Pierre.

Pour toute remarque ou suggestion sur ce guide, envoyez-nous un mail:
parisestanous@parigramme.fr

Collection dirigée par Jean-Christophe Napias et Sandrine Gulbenkian

Sommaire

Pictogrammes

~~WC~~ Toilettes inaccessibles en fauteuil roulant.

WC Toilettes accessibles en fauteuil roulant : on peut entrer et fermer la porte derrière soi ; mais il n'y a pas de barre de transfert.

WC+ Toilettes conçues pour les personnes en fauteuil roulant, équipées de barre de transfert.

♿ Accessible sans aide : vous ne rencontrerez pas plus d'une (petite) marche d'affilée, et aucun obstacle absolument rédhibitoire. Vous pouvez accéder seul ou moyennant un coup de main que n'importe quel passant peut donner (pour monter une marche de quelques centimètres ou tenir une porte).

🚶♿ Accessible avec aide : quelques marches (le nombre exact est systématiquement précisé) ou sol accidenté (pavés, pentes...). L'aide d'une personne valide est nécessaire pour franchir ces obstacles. Dans la plupart de ces établissements, le personnel vous aidera volontiers.

♥ Coup de cœur.

Paris roule-t-il ?

Que faire à Paris en fauteuil roulant ? Puisque moins de 5 % des magasins et restaurants sont aux normes d'accessibilité, l'alternative semble simple : on peut rester chez soi (et tout attendre de la nouvelle loi d'insertion qui devrait bientôt remplacer celle – apparemment inefficace – de 1975), ou se résigner à ne fréquenter que les centres commerciaux et quelques grandes chaînes de restaurants (qui laissent le visiteur sur sa faim question chaleur et authenticité). Ce guide part de l'hypothèse qu'entre ces deux réalités subsiste un Paris possible, un Paris des quartiers, de la culture, de l'art et de la gastronomie.

Mais ce Paris-là ne va pas de soi. S'il est parfois accessible aux fauteuils roulants – qu'il ait été pensé pour eux ou qu'il ne le soit que par accident –, l'organisation de ses rues, trottoirs et bâtiments reste tributaire des hasards et coïncidences qui font justement tout le charme d'un quartier parisien. Or, cela n'est pas toujours conciliable avec les exigences d'une circulation aisée en fauteuil.

Refusant donc l'équation selon laquelle l'inadapté serait inaccessible, nous vous proposons un certain nombre de repères à partir desquels chacun devrait pouvoir tisser son propre réseau de restos et bars, de théâtres, de salles de sport, etc. L'accessibilité de chaque lieu a été vérifiée, les critères retenus étant différents selon l'objet : des toilettes accessibles pour les restaurants, pas plus de cinq marches pour les spectacles, une autonomie complète dans les musées (et la mention des parties inaccessibles), des promenades carrossables avec pause-pipi sur le parcours.

Reste à chacun à choisir ce qu'il veut faire de son propre fauteuil : un tabouret de bar ou un fauteuil club de salon cosy, un siège de cinéma ou un strapontin de théâtre, une chaise d'arbitre ou un banc de touche ?

L'offre n'est pas infinie mais elle existe : profitons-en...

... Paris est à nous aussi !

1

Tabouret de bar et banquette de resto

Pourquoi une liste de restaurants accessibles en fauteuil roulant? La grande majorité des établissements parisiens sont en effet de plain-pied ou ne comportent qu'une seule marche. Les choses se gâtent en revanche dès lors que l'on veut soulager un besoin bien naturel... *Tous* les établissements suivants disposent de toilettes accessibles, c'est-à-dire suffisamment grandes pour entrer en fauteuil et fermer la porte derrière soi. Certaines ne le sont que par hasard; mais la plupart ont été conçues pour les fauteuils roulants et il ne leur manque parfois qu'une barre de transfert pour être dites aménagées. Attention : les serveurs ne savent pas toujours où se situent les toilettes accessibles et risquent de vous dire qu'il n'y en a pas : insistez! Enfin, nous avons volontairement omis les grandes enseignes commerciales, pour lesquelles l'accessibilité est en général moins difficile. Allez boire un verre d'eau de pluie chez Colette, échangez vos livres au Fumoir, contemplez la valse silencieuse du RER depuis la terrasse de l'Apollo ou testez les limites de votre estomac chez J'Go... bref, faites ce que vous voulez, mais n'oubliez pas lorsque vous réservez de préciser que vous êtes en fauteuil roulant, pour que le personnel s'organise.

Des Halles au Marais

Autour d'un café

55, boulevard de Sébastopol, 1er – Tél. 01 42 33 76 31
Du lundi au samedi de 9h30 à 19h – Café 2 € – ♿ **WC+**
C'est juste un café, mais on y est confortablement installé, il sent bon, on n'est pas obligé de hausser la voix (comment ont-ils fait pour atténuer le vacarme de la circulation?), et c'est unique sur le boulevard de Sébastopol. On peut même grignoter un muffin ou une tartelette. **Idéal pour une pause** entre deux courses.

Bar à vins Nicolas

59, rue Réaumur, 2e – Tél. 01 42 36 85 66 – www.nicolas.com
Du lundi au vendredi midi seulement – Magasin ouvert du lundi au samedi de 9h à 21h – ♿ **WC+**
Voir "Des Invalides au parc André-Citroën", p. 25

Chez Georges

Voir CNAC Georges Pompidou, p. 57

Côté Place

2, rue des Francs-Bourgeois, 3e – Tél. 01 42 71 27 40
Tous les jours de 8h à 22h – Sandwichs 6 €, pâtisseries 4 € – ♿ **WC+**
Un salon de thé, place des Vosges, où il fait bon **se réchauffer**. Accueil très aimable.

Etienne Marcel

34, rue Étienne-Marcel, 2e – Tél. 01 45 08 01 03
Tous les jours de 9h à 2h (4h le vendredi et le samedi)
Carte 30 € – Terrasse – ♿ **WC**
Dernier né des frères Costes. Ça veut tout dire ! Déco qui mélange habilement mobilier des années 1970 (notamment les chaises moulées en plastique) et lumière du troisième millénaire, service jeune et joli mais froid, de la musique et du bruit, une cuisine pas hyperoriginale mais bonne (et chère), une terrasse stratégiquement située (pour voir et être vu). De toute façon, il faut essayer **pour être un vrai Parisien** !

Feria Café

4, rue du Bourg-Tibourg, 4e – Tél. 01 42 72 44 49
Tous les jours de 8h30 à 4h (service restauration jusqu'à 3h)
Formule midi 12,50 €, carte 25 € – Brunch tous les jours de 9h à 17h (15 €) – Happy hour de 18h à 20h – Terrasse – ♿ **WC+**
Le Feria ressemble beaucoup à ses cousins bar-resto-ambiance du quartier : grande salle particulièrement confortable, terrasse sur une très jolie place. Mais ici, on a **un pied en Espagne**. D'abord, on peut manger à n'importe quelle heure du jour et de la nuit des tapas chauds et froids ou des plats andalous accompagnés de vin de pays. Ensuite, les murs accueillent plasticiens et photographes de là-bas, et la piste danseurs de salsa ou de flamenco. Le week-end, la *movida* du Feria est revisitée à la mode parisienne, voire "maraisienne" : techno, foule, rencontres.

Le Loup Blanc

42, rue Tiquetonne, 2e – Tél. 01 40 13 08 35
Ouvert tous les jours à partir de 19h30 – Carte 20 € – Brunch (16 €) dimanche de 11h à 16h30 – ♿ *(le trottoir plus 1 marche)* **WC**
On apprécie beaucoup la décoration chaude (terre de Sienne, lumière douce, musique "lounge") et les **plats que l'on compose soi-même** : une dizaine de viandes et poissons marinés ou grillés aux épices (agneau au romarin et à la gelée de pommes, mmm !) et autant de légumes froids ou chauds qui mêlent savamment les saveurs exotiques. Les trentenaires noctambules se pressent au Loup Blanc pour terminer (ou commencer) leur soirée dans une ambiance très bon enfant. Pensez à réserver !

Le Pain Quotidien ♥

18-20, rue des Archives, 4e – Tél. 01 44 54 03 07
Ouvert tous les jours de 7h à 22h – Brunchs et petits-déjeuners jusqu'à 17h le week-end (en semaine, pas de brunch et petits-déjeuners jusqu'à midi seulement) – Tartines 6 €, salades 11 €, brunch complet 18 €
Terrasse – 🚹♿ *(une grosse marche)* **WC+**

De bonnes grosses tables en bois couvertes le matin de pots de confitures, miels variés et pâtes à tartiner, le tout entre des étagères remplies de bocaux : l'ambiance familiale de ce lieu est idéale pour petit-déjeuner ou bruncher, et même déjeuner ou dîner. **Tout ou presque se décline ici sur une tranche de pain.** Entre snack et épicerie (de nombreux produits peuvent être emportés), Le Pain Quotidien propose donc une nourriture simple et agréable à des prix honorables. À retenir : une grande table en salle pouvant recevoir jusqu'à 25 convives, et une terrasse ensoleillée sur un large trottoir.

Le Tir-Bouchon

22, rue Tiquetonne, 2e – Tél. 01 42 21 95 51
Tous les jours midi et soir – Carte 25 € – Terrasse
🚹♿ *(le trottoir plus 1 marche)* **WC**

On a vite fait de se dire en passant devant Le Tir-Bouchon : "Encore un resto sympa mais bondé et où je ne peux pas aller." Sauf que le patron a eu l'idée de respecter les normes d'accessibilité et d'improviser un accès par le fond de la salle. Ainsi, en plus d'être chaleureux, Le Tir-Bouchon est **complètement accessible, au point que vous pourrez vous installer en plein "là où ça se passe"** et échapper aux habituels "Pardon, c'est à vous ce pied? Non, en fait il faudrait vous lever, là…" ! Pour résumer : quartier piéton, salle agréable, service avenant et cuisine de saison. Une aubaine! Pensez à réserver (surtout le week-end).

Du Louvre à l'Opéra

Café de la Paix

12, boulevard des Capucines, 9e – Tél. 01 40 07 36 36
Tous les jours de 7h à 00h30 – Menu déjeuner 25 €, menu complet 37 €, carte à partir de 40 € – Petit-déjeuner de 15 € à 31 € – Terrasse – ♿ **WC**

Le Café de la Paix, pour ses 150 ans, a fait peau neuve : redorées les colonnes, restaurées les fresques, neuve l'épaisse moquette, briqués le mobilier acajou et les bronzes ornementaux. Le **faste de la salle Empire** est impressionnant. Le service est très professionnel, la carte oscille entre tradition et innovation (sole meunière, soupe à l'oignon, ou prosciutto au caillé de brebis et vinaigrette au jus de rave), le tout dans une ambiance affairée, entre businessmen, touristes ébahis et amoureux enlacés sur les banquettes.

Colette

213, rue Saint-Honoré, 1er – Tél. 01 55 35 33 90
Du lundi au samedi de 11h à 19h – Plats autour de 12 €, eaux autour de 3 € les 33 cl – ♿ ascenseur **WC+**

Oubliez tout ce que vous avez toujours cru savoir sur ce qu'est être dans le coup ; et pour recommencer votre éducation à zéro, allez donc faire un tour chez Colette. C'est d'ailleurs simple à trouver, à 100 mètres à la ronde on surprend des gens en train d'en parler dans la rue. Musique techno sur 3 niveaux : vêtements, design et bar. Il faut aimer le concept, mais il est indéniable que la salle du bar (au sous-sol), avec ses tablées style "tout-le-monde mange avec tout-le-monde" est particulièrement réussie. Côté cuisine : les plats classiques des bars tendance parisiens (carpaccio, caviar d'aubergines...). Mais qu'importe après tout la gastronomie, puisque vous êtes là pour consommer le dernier **top de la mode parisienne** : de l'eau ! Et franchement, face aux 76 sortes proposées au menu, bon courage pour choisir !

Le Fumoir

6, rue de l'Amiral-Coligny, 1er – Tél. 01 42 92 00 24 – www.lefumoir.com
Tous les jours de 11h à 2h – Menus déjeuner 17,50 €, dîner 27 €, carte 40 € – Brunch 20 €, réservation indispensable – Happy hour de 18h à 20h – Terrasse – 🚹♿ (une grosse marche) **WC**

Concept de départ : les voyageurs fatigués de porter des livres qu'ils ont déjà lus peuvent les laisser sur place et repartir avec de nouvelles lectures en poche... Plus de 3 000 ouvrages, une quinzaine de journaux internationaux, des revues culturelles (dont une, *Revue*, est éditée par l'équipe du lieu), la bibliothèque du Fumoir est prétexte à paresser des heures dans les canapés en sirotant une bière ou un cocktail. Le tout dans une ambiance hybride entre cuir anglais, café viennois et clientèle parisienne **chic et intello**.

Le Gallopin

40, rue Notre-Dame-des-Victoires, 2e – Tél. 01 42 36 45 38
Tous les jours de midi à minuit – Menu 23 € (plat et dessert ou entrée), 28 € (entrée-plat-dessert), carte 35 €, fruits de mer (assiette 15 €, plateau 55 €) – ♿ **WC+**

Cette brasserie ouverte en 1876 fait face à la Bourse. Son fondateur, homme ouvert aux arts, a fait venir de Cuba le bois acajou du bar et de Londres les menuisiers pour le travailler ; pour l'Exposition universelle de 1900, il a conçu une salle Belle Époque restée jusqu'à aujourd'hui en parfait état, notamment la verrière, qui vaut à elle seule la visite. Côté cuisine, rien que du très classique (foie gras, gigot, magret...) : **bon et service impeccable**.

Le Pain Quotidien

18, place du Marché-Saint-Honoré, 1er – Tél. 01 42 96 31 70
Tous les jours de 7h à 19h – ♿ **WC+**

Voir "Des Halles au Marais", p. 10

Des Grands Boulevards à la place de Clichy

Hard Rock Café

14, boulevard Montmartre, 9e – Tél. 01 53 24 60 00
Plusieurs formules entre 23 € et 50 €, carte 30 € – Tous les jours de 11h30 à 2h – Soirées "Work in ze city" le jeudi de 19h à 1h (9 €)
♿ *ascenseur* **WC+**

La version parisienne de la célèbre ligne internationale de cafés musicaux attire du monde et pas seulement des touristes. Boîte de nuit en bas dans une grande salle aux murs couverts d'écrans vidéo ; plus intime en haut : quelques tables pour boire un verre avec toutefois autant de musique et aussi peu de lumière qu'en bas. **Un classique**, et avouons qu'il fonctionne plutôt bien.

J'Go ♥

4, rue Drouot, 9e – Tél. 01 40 22 09 09 – www.lejgo.com
parisdrouot@lejgo.com (pour les réservations)
Du lundi au samedi, midi et soir (sauf samedi midi) – Menus 16 € et 28 €, carte 35 € – (une grosse marche) **WC**

Ça fait du bruit, les portions sont gargantuesques et les ingrédients pas vraiment légers : si vous êtes plutôt diététique et nouvelle cuisine, vous frappez à la mauvaise porte. Sinon, il faut absolument s'essayer au J'Go : le service est particulièrement sympa, la cuisine de qualité, les prix raisonnables et l'ambiance chaude à souhait. **Le Sud-Ouest est ici à l'honneur** avec l'agneau fermier du Quercy (si vous n'aviez pas compris le nom du resto, c'est fait !), le porc noir gascon (rien à voir avec du bête cochon) et le haricot tarbais, déclinés sous toutes les formes : gratins, cassoulets, rôtis, à la broche, pour 2, 4 et jusqu'à 8 personnes. Pensez à réserver et à préciser qu'il vous faut une table en rez-de-chaussée ; pour le reste, laissez-vous faire...

Naoko

11, rue Biot, 17e – Tél. 01 40 08 08 78
Du lundi au samedi, midi et soir (sauf samedi midi)
Formules de 8 à 35 €, carte 30 € – **WC+**

Encore un resto japonais où on mange en quatrième vitesse des brochettes ou des sushis banals ? Non, bien que la salle et la carte le laissent supposer... Même si les menus sont les mêmes qu'ailleurs, on est surpris par la présentation des assiettes tout en couleurs et en sculptures de concombre et par **la fraîcheur et le fondant** des poissons ; et quand arrive le millefeuille de yuba, spécialité sucrée du chef (oui, il y a aussi des desserts au Japon)... Le service ne gâche rien à l'affaire, le fond sonore non plus, et on n'est pas du tout poussé dehors pour céder la place aux suivants !

St Georges Tavern's

46, rue du Faubourg-Montmartre, 9e – Tél. 01 49 49 01 84
www.stgeorgestaverns.com
Tous les jours de 8h à 1h30 – Plats autour de 12 €
Happy hour de 18h à 20h – **WC+**

Décor bois et banquettes, ambiance festive les soirs de week-end, retransmissions de matchs, tout y est, y compris l'accueil chaleureux du personnel. On peut manger (pizzas, pâtes et pièces du boucher), mais c'est surtout **pour boire** qu'on vient là : bières bien sûr et "mètres" de tequila paf, chupitos ou godfather (whiskey et amaretto). Ils organisent des soirées avec concert ou DJ (voir le programme sur le site Internet).

D'Oberkampf à La Villette

L'Autre Café ♥

62, rue Jean-Pierre-Timbaud, 11e – Tél. 01 40 21 03 07
Tous les jours de 9h (11h30 samedi et dimanche) à 1h30 – Carte 25 €
(le trottoir plus 1 marche) **WC** *(derrière le bar)*

Murs clairs et hauteur sous plafond, quelques BD et échiquiers, jeunesse bobo du coin : on mange (la carte propose des plats un poil tendance, carpaccio de bœuf au parmesan et roquette par exemple, bons et pas trop chers), on boit (du bon vin au verre, de la bière et du café), on croise par hasard les copains du quartier, on s'interpelle d'une table à l'autre, on les rapproche même, on visionne des courts-métrages (chaque 2e jeudi du mois et lors d'un festival en juin ; attention, il y a un écran en haut et un autre en bas… renseignements sur www.lautrevideo.com), on brunche le dimanche. Bref, **de jour comme de nuit, on y est bien** et on y reste longtemps !

Aux arts et sciences réunis

161, avenue Jean-Jaurès, 19e – Tél. 01 42 40 53 18
Tous les jours midi et soir – Formules de 12 à 24 €, carte 20 €
(une grosse marche) **WC**

Vaste programme que nous propose cette enseigne : les "arts et sciences" dont il est question sont en fait ceux des Compagnons charpentiers et menuisiers, qui mangent ici et dorment au-dessus. Après être passé sous une équerre et un compas, on dîne sous la surveillance des maîtres dont les portraits ornent la salle et non loin d'une tablée de garçons sérieux rentrant de l'atelier. Pour réconforter ces travailleurs, **une cuisine solide**, un service très prévenant et des prix tout doux.

Blue Bayou

111, rue Saint-Maur, 11e – Tél. 01 43 55 87 21
Tous les jours de 11h à 2h, un samedi sur deux jusqu'à 4h
Menus 15, 20 et 26 € – Brunch le dimanche 17 € – ascenseur **WC**

La Louisiane, comme si vous y étiez : normal, le mobilier est venu par bateau, le menu aussi. Dépaysement garanti ! En bas, **le bar (en rondins) et 18 billards** ; en haut, le restaurant. Ici tout est fait maison : concombre mariné au sirop d'érable et cottage cheese, beignets de poisson-chat, jambalaya (ragoût de poulet, saucisses, riz aux épices), la gastronomie cajun est issue de la rencontre heureuse entre les cuisines française et créole. Soirées musicales le vendredi soir : blues et musique cajun, chandelles sur les tables. Le billard est gratuit pour qui déjeune sur place entre 12h et 14h.

Café Charbon

109, rue Oberkampf, 11e – Tél. 01 43 57 55 13
Tous les jours de 9h à 2h – Carte 25 €, brunch 18 € – ♿ **WC+**

Le Charbon est le plus ancien des cafés bobos de la rue Oberkampf (c'est d'ailleurs lui qui a "lancé" le renouveau du quartier). Et c'est une réussite totale : meubles de récup (banquettes, tables dépareillées), déco stylée (notamment les lampes qui diffusent une lumière ni crue ni sombre), le tout dans une grande salle avec fresques 1900, miroirs gigantesques et un comptoir digne de ce nom. Deuxième élément important : **la cuisine, tendance mais originale et goûteuse** (thon mi-cru au caramel de gingembre ou plus simplement tarte à la carotte). Résultat : à déjeuner comme à dîner, c'est plein mais ni (trop) bruyant ni (trop) enfumé et on s'y sent bien à deux comme à dix. **Le Nouveau Casino**, concerts en première partie de soirée et club ensuite (du mercredi au samedi jusqu'à l'aube), s'est installé dans l'arrière-salle (la porte est bien capitonnée) : programmation sur www.nouveaucasino.net

Café de la Musique

213, avenue Jean-Jaurès, 19e – Tél. 01 48 03 15 91
Tous les jours de 8h à 2h – Carte 50 €, brunch 20 €
Terrasse – ♿ **WC+**

Immanquable, le Café de la Musique et surtout son immense terrasse face au parc de La Villette ! La salle (accessible de plain-pied par derrière, du côté de la Cité de la Musique) est plutôt intimiste avec ses fauteuils en velours rouge et vert ; mais c'est surtout la terrasse qui est incontournable : comme elle donne sur la Grande Halle et la fontaine aux Lions, il n'y a plus aucune voiture en vue. Elle est d'ailleurs bondée dès que le soleil fait son apparition. L'établissement, tenu par les frères Costes, n'a malheureusement pas adapté ses prix au quartier, mais plutôt à sa réputation... Concerts les mercredis (jazz) et vendredis (musiques du monde). Brunch costaud le dimanche.

La Cantine d'Antoine et Lili

95, quai de Valmy, 10e – Tél. 01 40 37 34 86
Tous les jours, de 10h à 18h le lundi, 19h30 les mardi et dimanche, 23h du mercredi au samedi – Sandwich 5,50 € – Terrasse – ♿ **WC**

Si vous avez toujours rêvé de **grignoter un morceau dans une maison de poupées**, Antoine et Lili ont créé cet endroit pour vous. Pour les autres, la "cantine" présente de toute façon des attraits qui en rendent la fréquentation agréable (ce qu'a d'ailleurs bien compris le voisinage : attention à la queue le dimanche). C'est qu'en effet, par-delà l'ambiance qui semble hésiter entre retour en enfance et chef-lieu des bobos du coin, le service est agréable et les plats (principalement des sandwichs – qui ressemblent d'ailleurs plutôt à des crêpes fourrées – et des salades) tout simplement bons. Si bien qu'au milieu d'une balade le long du canal ou après la traditionnelle bière dégustée dans un verre en plastique au bord de l'eau, il est bien agréable de pouvoir faire une pause nutritive chez Antoine et Lili.

Mécano Bar

99, rue Oberkampf, 11e – Tél. 01 40 21 35 28
Tous les jours de 9h à 2h (4h vendredi et samedi)
Carte 25 €, brunch 16 € – (*une grosse marche*) **WC**

"Machine - outil - outillage moderne"... Ne vous y trompez pas ! De cette ancienne fabrique, seuls ont survécu l'enseigne et quelques vieux outils qui font office de pièces de collection. Pour le reste, le Mécano ressemble à s'y méprendre à ses confrères de la rue Oberkampf : **un air de brocante ou de grenier chic**, comptoir en bois, fauteuils en cuir, et même causeuse en velours rouge façon Pompadour. On y retrouve aussi le brunch du dimanche et, en semaine, une carte aux valeurs sûres (salade du Sud-Ouest, pot-au-feu). Une adresse sans grande surprise mais qui a le mérite de vous mener (presque) au bout de la nuit en fin de semaine.

Le Petit Garage

63, rue Jean-Pierre-Timbaud, 11e – Tél. 01 48 07 08 12
Tous les jours de 17h à 2h – Bière 2,80 € – **WC**

Le Petit Garage se complaît dans une ambiance d'autant plus vivifiante (et qui dénote par rapport à ses cousins du quartier) qu'elle est **rock'n'roll** : parfois chanson française, mais d'autres fois carrément rock punk. On n'y vient ni pour les concerts (y'en a pas) ni pour manger (y'a pas non plus) mais on y vient quand même : il doit bien y avoir une raison ! À noter : circulation très aisée en fauteuil.

Le Rendez-Vous des Quais

10, quai de la Seine, 19e – Tél. 01 40 37 02 81
Tous les jours de midi à minuit – Formule cinéma (une place de ciné, un plat, un dessert, une boisson) 25 €, carte 30 €
WC+ *(dans le cinéma mitoyen)*

Une terrasse (bien) chauffée, des caillebotis, l'eau à moins de deux mètres en face, un ciné à moins de deux mètres à droite. Inutile de préciser que Le Rendez-Vous des Quais est souvent bondé ; la clientèle vient autant boire une bière avant le film ou un chocolat chaud (excellent) après, que casser la croûte juste pour goûter au charme de l'endroit, particulièrement agréable. La carte change très régulièrement (un ancien d'une grande enseigne parisienne est aux commandes), les vins sont sélectionnés par Claude Chabrol (faut c'qu'y faut quand le patron s'appelle Marin Karmitz).

Sacophane

61, rue Jean-Pierre-Timbaud, 11e – Tél. 01 48 07 17 04
Tous les jours de 17h à 2h – Carte 30 €, bière 3 € – ♿ **WC**
Du nouveau à Timbaud ? Beaux volumes, lumières tamisées pour une ambiance chic et cosy : le Sacophane jouait jusqu'à présent la carte de la sobriété. Il fait peau neuve aujourd'hui et se lance dans l'événementiel. Concerts, *show live* coiffure, défilés de mode... Le bar vit désormais au rythme de **soirées thématiques, éclectiques et très tendance.** Côté cuisine, la carte souffre un peu de cette métamorphose. Seule une restauration "simple et rapide" (mais de qualité) continue d'être assurée. Mais quoi, on ne peut pas tout avoir !

De Bastille au Père-Lachaise

Barrio Latino

46, rue du Faubourg-Saint-Antoine, 12e – Tél. 01 55 78 84 75
Tous les jours de 12h à 2h (2h30 le vendredi et 3h30 le samedi)
Carte 30 €, brunch 26 €, cocktail 10 € – ♿ *ascenseur* **WC+**
On ne fait plus la réputation du Barrio Latino. Tous les étages sont accessibles par ascenseur ; pour le dernier, il faut montrer patte blanche car il est réservé aux VIP (mais pour les VIP en fauteuil roulant, pas de problème !). Ambiance feutrée pour des cocktails chers en journée, **collé-serré** sur fond de salsa en soirée ; on peut aussi y bruncher le dimanche.

Blue Elephant

43, rue de la Roquette, 11e – Tél. 01 47 00 42 00
Tous les jours de 12h à 14h30 et de 19h à 23h (fermé le samedi midi)
Menus dégustation 39,50 €, 44 € et 48 €, carte 50 €
Brunch le dimanche 29 € – ♿ **WC**
Marre du poulet dominical ou du sempiternel œuf-bacon ? Et pourquoi pas... un brunch thaïlandais ? Incontournable chantre de la cuisine thaïlandaise à Paris, le Blue Elephant adoucit ses prix le dimanche midi pour un brunch-buffet plutôt familial. Dans un décor franchement dépaysant, mi-kitsh, mi-raffiné, trois chefs cuisinent sous vos yeux près de trente

spécialités salées ou sucrées, au gré de leur humeur et des produits du marché (de Bangkok, s'il vous plaît ! Épices, fruits et légumes ont fait le trajet en avion avant de venir égayer votre palais). Bref, une belle occasion de s'offrir, sans se ruiner, **un vrai voyage gastronomique**...

Café Divan

60, rue de la Roquette, 11e – Tél. 01 48 05 72 36
Tous les jours de 8h à 2h – Carte 25 € – Brunch samedi et dimanche (de 11h à 16h) 16 € – ♿ **WC**

L'expresso du matin, le chocolat de la fin d'après-midi, le verre en sortant du ciné, et aussi **pour bruncher, déjeuner, goûter, dîner, seul, à deux ou en bande** : l'endroit est confortable, il y a juste ce qu'il faut de passage pour se sentir bien, le service est jeune et souriant, les assiettes raffinées et très bien présentées. Ce n'est pas surfait comme chez quelques-uns de ses voisins...

La Fabrique

53, rue du Faubourg-Saint-Antoine, 11e – Tél. 01 43 07 67 07
Tous les jours de 10h (17h le dimanche) à 5h
Menu soir 26 €, carte 35 € – Club : entrée gratuite sauf le week-end (11 € avec une consommation) – ♿ **WC**

Bar à bière en journée (osez la bière brassée sur place), restaurant à l'heure du dîner, club toute la nuit. On ne peut décidément pas échapper à La Fabrique ! La programmation musicale offre de belles surprises avec **les DJ les plus en vogue du moment**, un différent chaque soir.

La Flèche d'Or

102 bis, rue de Bagnolet, 20e – Tél. 01 43 72 04 23 – www.flechedor.com
Du mardi au dimanche de 10h à 2h – Concerts 5 €
Menu déjeuner 10,50 €, menu dîner 22 € – ♿ **WC**

La Flèche d'Or a investi l'ancienne gare de la Petite Ceinture station Charonne en 1995. Depuis, elle s'est imposée comme **l'un des bars les plus dynamiques de la scène parisienne** : concerts, débats, projections, bals, rendez-vous d'associations, pas un jour sans qu'il s'y passe quelque chose. Le restaurant est dans une véranda qui surplombe les anciennes voies ferrées envahies par les herbes folles. Une locomotive suspendue au-dessus du bar, des graffitis sur les murs et pas mal de décibels... Une ambiance décalée ayant assimilé un héritage à la fois urbain et industriel.

Les Furieux

74, rue de la Roquette, 11e – Tél. 01 47 00 78 44 – www.lesfurieux.fr
Du mardi au dimanche de 16h (19h le dimanche) à 2h
(5h les vendredis, samedis et veilles de fête) – Bière 2,60 €
Happy hour de 18h à 20h – ♿ **WC+**

L'accroche des Furieux, **bar Rock et plus**, est explicite, le maître mot du DJ est électrique : du rock classique en journée (Rolling Stones, Clash), plus on s'avance vers la nuit, plus la musique durcit et monte en volume. La programmation des soirées vire alors vers le "néo-metal" ou le "post-punk", selon les points de vue ! La déco elle aussi participe de cette atmosphère rouge et noire. Les Furieux hébergent également des artistes, photographes et réalisateurs de vidéos underground. Enfin, des concerts et des soirées sont régulièrement organisés (tout est annoncé sur le site Internet, qui donne une idée de l'ambiance !).

Les Grandes Marches

6, place de la Bastille, 12e – Tél. 01 43 42 90 32
Tous les jours de 12h à 1h – Menu déjeuner 23 €,
menu découverte 33 €, carte 50 € – ♿ *monte-charge* **WC+**

Pourquoi dîner dans **l'une des brasseries les plus connues de Paris** ? Parce que c'est beau (conçue par les Portzamparc, la salle mêle harmonieusement lumière feutrée et mobilier high-tech, le tout ordonné autour d'un escalier en colimaçon monumental), parce que c'est bon (cuisine de brasserie traditionnelle sophistiquée supervisée par le traiteur Flo), parce que c'est pratique (on ne peut pas être plus près de l'Opéra), parce que c'est accessible (grâce à un monte-charge), parce que tout Paris et toute la province y va (pensez à réserver les soirs de représentation à l'Opéra pour le deuxième service !). Ça vous suffit ?

Ho! 18

72, boulevard Diderot, 12e – Tél. 01 43 43 55 95
Du lundi au samedi de 7h30 à 23h (minuit le vendredi et le samedi)
Formules déjeuner de 8 à 12 €, soir (plat et entrée ou dessert) 16 €,
carte 25 € – Terrasse – 🚶♿ *(une grosse marche)* **WC**

Service particulièrement souriant : **une escale impeccable** pour boire un verre ou manger sur le pouce.

La Maroquinerie ♥

23, rue Boyer, 20e – Tél. 01 40 33 30 60 – www.lamaroquinerie.fr
Carte 15 € – Tous les jours de 11h à 1h – ♿ *ascenseur* **WC**

Salon littéraire, piano-bar, concerts en sous-sol, salle de projection... toutes les occasions sont bonnes pour aller flâner à la Maroquinerie et écouter des conférences, des lectures, de la poésie, de la musique. Mais même quand aucun événement n'est à l'affiche, le café-restaurant permet de se détendre à l'abri de l'agitation parisienne : au fond d'une cour (ou dans la cour les jours de beau temps), une salle aux murs jaune paille, de l'espace, de la lumière, une serveuse charmante, des plats rafraîchissants, du jazz tout doux voire pas de musique du tout : quel repos !

Waly-Fay ♥

6, rue Godefroy-Cavaignac, 11e – Tél. 01 40 24 17 79
Du lundi au samedi à partir de 20h – Carte 25 € – **WC**

Le Waly-Fay est un vrai, bon et sympathique restaurant à l'ambiance apaisante et au service particulièrement avenant. La cuisine, inspirée surtout **d'Afrique mais aussi des Antilles**, mêle adroitement de nombreuses saveurs de l'entrée au dessert, en passant même par les boissons. Acras, mafé, gboma, poissons braisés, glace au gingembre et jus du même : tout est délicieux, et les tarifs raisonnables. Voilà une excellente adresse.

Du Quartier latin à Saint-Germain

Alcazar

62, rue Mazarine, 6e – Tél. 01 53 10 19 99 – www.alcazar.fr
Tous les jours de 12h à 2h – Formules déjeuner 16, 23 et 26 €,
carte 50 €, brunch 26 € – **WC**

Le restaurant version Sir Conran ou Sir Conran version restaurant ? L'Alcazar est le dernier-né des concepts du célèbre designer et quoi qu'on en pense, ça tape ! Dommage, il paraît que la mezzanine est le clou du spectacle, mais pour cela il faudra se fier à ce que disent les copains puisqu'il n'y a pas d'ascenseur. Pour le reste, tout est à l'image de ce que fait le patron : **beau, classe et cher**… (mais quand même abordable au déjeuner).

L'AOC

14, rue des Fossés-Saint-Bernard, 5e – Tél. 01 43 54 22 52
Du mardi au samedi, midi et soir – Formule déjeuner 15 €,
carte 40 € – **WC**

Tous les ingrédients servis ici sont d'appellation d'origine contrôlée. Le chef connaît admirablement son métier et tire parti du label pour concocter une **cuisine simple mais remarquable**, qui laisse justement s'épanouir tous les goûts et la qualité des produits. Le foie gras est inoubliable et le cochon de lait une merveille fondante à souhait. La salle est confortable et le service attentif. Ne vous affolez pas devant les deux marches de l'entrée principale : faites signe, on vous ouvrira une petite porte sur la gauche. Pensez à prévenir pour qu'ils arrangent la disposition des tables.

Bouillon Racine

3, rue Racine, 6e – Tél. 01 44 32 15 60 – www.bouillonracine.com
Tous les jours de midi à minuit – Menu 28 €, carte 40 € – ♿ **WC**
Maison fondée en 1906, le Bouillon Racine **vaut le déplacement rien que pour son cadre Belle Époque** : un foisonnement délirant de miroirs, de pâte de verre, de boiseries, le tout dans une ambiance choisie mais sans prétention. La cuisine ? À la hauteur du décor, savante et raffinée : soupions et jambons poêlés aux amandes grillées, carpaccio de haddock et chantilly d'absinthe, véritable café liégeois servi à la cruche (à essayer absolument !). La carte est renouvelée quotidiennement.

Coolin

15, rue Clément (marché Saint-Germain), 6e – Tél. 01 44 07 00 92
Tous les jours de 10h (13h le dimanche) à 2h
Plats autour de 10 € – Terrasse – ♿ **WC**
Brouhaha, pintes de Guinness et retransmissions de match : l'**ambiance chaleureusement irlandaise** de cette grande salle boisée fait oublier la froideur du nouveau marché Saint-Germain. Pour accompagner sa bière, on peut déguster, en salle ou en terrasse, des salades géantes, un Guinness Stew et terminer par une glace au Baileys.

Ladurée Bonaparte

21, rue Bonaparte, 6e – Tél. 01 44 07 64 87
Tous les jours de 8h30 à 19h30 – ♿ **WC+**
Entrer par la boutique pour éviter les marches. Seul le jardin d'hiver (couvert et chauffé) est accessible.
Voir Ladurée Champs-Élysées, p. 28

Paul

77, rue de Seine, 6e – Tél. 01 55 42 02 23
Du lundi au samedi de 7h30 à 20h (21h le vendredi et samedi)
Carte 12 € – Terrasse – ♿ **WC+**
Une fois n'est pas coutume, on déroge à la règle qu'on s'est fixée de ne pas citer de chaînes commerciales. Pourquoi ? Parce que Paul est une boulangerie qui reste artisanale, que chaque mois, en plus des 42 pains

différents proposés en permanence, une nouvelle recette est expérimentée, et le tout "sans conservateurs ni additifs". L'enseigne de la rue de Seine fait également salon de thé et a une **terrasse idéalement située et bien agréable**.

De Denfert-Rochereau à Montparnasse

Apollo

3, place Denfert-Rochereau, 14e – Tél. 01 45 38 76 77
Tous les jours midi et soir – Menu déjeuner 17 €, carte 40 €
Brunch le dimanche – Terrasse – ♿ **WC** *(derrière le bar)*

Une petite terrasse place Denfert-Rochereau, ça vous tente ? Malgré bruit et circulation, l'Apollo a réussi à créer un espace calme, confortable et… branché dans d'anciens locaux de la gare RER. Après une séance d'élévateur, on arrive dans une salle aérée au **décor psyché-seventies**. La cuisine est soignée (sans être très originale) et le service avenant. Mais le fin du fin est d'avoir dégagé une aussi vaste terrasse dans une enclave cerclée de bâtiments, si bien qu'on se sent protégé, dans un espace isolé de toute l'agitation alentour. La vue sur la valse des voyageurs, réglée par les allées et venues des trains et rendue muette par un grand mur de verre, suffit d'ailleurs à occuper l'esprit sans le fatiguer, renforçant l'impression de calme qui prédomine ici.

Le Bistrot des Pingouins ♥

79, rue Daguerre, 14e – Tél. 01 43 21 92 29
Du lundi au samedi, midi et soir (sauf samedi midi)
Menu 11,50 €, carte 25 € – ♿ **WC**

Presque une institution dans le quartier, la salle des Pingouins est grande, sombre, bruyante et enfumée : le lieu mérite parfaitement son nom de bistrot. Ce n'est pas l'endroit idéal pour un repas en amoureux, l'ambiance se prêtant plutôt à de **grandes tablées amicales**. D'ailleurs il faut généralement réserver si vous espérez dîner avant le troisième service ! La cuisine est largement – et de façon assez heureuse – inspirée des saveurs du Sud-Ouest, égayée de touches plus personnelles. Le chef ne dévoile ses secrets pour personne. Une adresse à retenir, d'autant plus que l'on peut y manger jusqu'à minuit.

Brussel's Café

10, rue de la Gaîté, 14e – Tél. 01 43 20 77 29
Tous les jours de 9h à 1h – Moules 10 € – Terrasse – **WC+**

Brasserie neuve et pimpante qui, il faut bien l'avouer, ne se distingue pas par l'originalité de sa décoration. Il est toutefois bien agréable de pouvoir boire un verre ou **manger des moules en toute accessibilité** (et en terrasse l'été) au milieu de cette rue pleine de théâtres dont aucun ne propose de toilettes adaptées.

L'Entrepôt

7-9, rue Francis-de-Pressensé, 14e – Tél. 01 45 40 07 50 – www.lentrepot.fr
Tous les jours, dernier dîner 23h, dernière bière 0h30 (2h-3h le week-end)
Carte 30 € – Brunch le dimanche de 11h30 à 18h
Terrasse, jardin – (une grosse marche) **WC+**

Récemment rénové, L'Entrepôt a gardé sa vocation de **lieu culturel ouvert et multiple.** La programmation du cinéma (seule la salle 1 est accessible) est éclectique et change presque à chaque séance. Le bar, paisible en journée, s'anime les soirs de concert (jazz, musiques du monde ou chanson les jeudis, vendredis et samedis). Un jardin étonnamment feuillu et tout accessible permet de se restaurer de plats simples (et bios !) sous une ombre bienfaisante (une véranda l'hiver). Deux formules pour ne pas séparer le ventre et l'esprit : ciné-repas ou concert-repas à 20 €.

La Forchetta

85, rue Daguerre, 14e – Tél. 01 43 22 06 14
Du mardi au dimanche, midi et soir – Carte 30 €
(une grosse marche) **WC+**

Che buona la cuisine italiana ! Rien que du très soigné et tout version italienne. Guidé par l'accent du serveur, vous vous rappellerez vite qu'il n'y a pas que la langue de Molière dans la vie, qu'il n'y a pas que la cuisine française au monde, et même qu'il n'y a pas que des pizzas en Italie. Enfin, et ce n'est pas qu'un détail, la Forchetta a une très bonne cave. Au fait, vous savez qu'il n'y a pas que le vin français dans la vie ?

Le Petit Journal Montparnasse

Voir "Les salles de concert", p. 45

De Bercy à Choisy

Chai 33

33, cour Saint-Émilion, 12e – Tél. 01 53 44 01 01 – www.chai33.com
Tous les jours de 12h à 23h30 (0h30 du mercredi au samedi)
Brunch le dimanche de 12h à 16h – Boutique : lundi 12h-19h, mardi au jeudi 12h-20h, vendredi-samedi 11h-21h30, dimanche 11h-20h
Menus (entrée/plat ou plat/dessert) 20 €, carte 50 €
Terrasse – ♿ **WC+**

Tout beau, tout propre, tout neuf, le Chai 33 s'insère parfaitement dans le programme de rénovation de la cour Saint-Émilion. Quoi qu'elle ait été réfléchie, l'accessibilité se fait par la boutique mitoyenne, et reste donc difficile en dehors des heures d'ouverture de cette dernière. Mais c'est possible, nous a-t-on assuré. Pourtant, ils ont préféré nous faire descendre à la force des bras les trois malheureuses marches qui nous séparaient de la salle. Après, grâce à un monte-charge, tout est atteignable… sauf les caves; dommage car c'est le concept de ce restaurant : aller choisir son vin, conseillé par un sommelier. Pour nous, il se déplace en salle. En résumé : **très bonne cuisine (chère tout de même) dans une salle tendance et très spacieuse**.

Les "bons élèves" de la cour Saint-Émilion

Il y a de quoi se demander quelle logique préside au respect des normes d'accessibilité : tous les restaurants de cette rue ont ouvert après 1998 et devraient donc les appliquer. Pourtant, sur les onze établissements, quatre ont apparemment obtenu des dérogations… Certes, il y a des toilettes publiques accessibles, mais aux horaires stricts (11h-21h, un peu tôt pour le deuxième service !). Ceux qui ont respecté la norme :

Buffet d'Italie (♿ **WC+***)*
La Compagnie des crêpes (♿ **WC***)*
Club Med World (♿ **WC+***)*
Frog at Bercy Village (♿ **WC***)*
Guilvinec (♿ **WC+***)*
Hippopotamus (♿ **WC+***)*

L'Empire des thés

101, avenue d'Ivry, 13e – Tél. 01 45 85 66 33
Du mardi au dimanche de 11h à 20h – Thé de 3,30 € à 7 € – ♿ **WC**

Idéal pour faire une pause après la frénésie des frères Tang, ce salon de thé minuscule (trois tables et quatre tabourets) propose plus de **deux**

cents crus de thés à déguster. On peut évidemment en acheter, ainsi que les instruments indispensables pour réussir la cérémonie du thé : théières, tasses, plateaux...

Frog and British Library

113, avenue de France, 13e – Tél. 01 45 84 34 26
Tous les jours de midi à minuit – Formules déjeuner 12 et 15 €, carte 22 €, pinte 6 € – Terrasse – ♿ **WC**

Si un lieu accessible n'a sans doute rien d'exceptionnel dans ce quartier en pleine restructuration de la Bibliothèque François-Mitterrand, il est en revanche moins facile d'en dénicher un authentique. Pari réussi une nouvelle fois pour le "Frog" qui, entre **parquet sombre, banquettes et fauteuils en cuir**, n'a oublié aucun des ingrédients nécessaires à la dégustation de ses bières brassées maison, de ses hamburgers géants et autres poulets tikka.

Sinorama

118, avenue de Choisy, 13e – Tél. 01 53 82 09 51
Tous les jours jusqu'à 1h – Carte 20 €, nombreux menus – ♿ **WC+**

Moderne, grande salle : ce n'est peut-être pas l'endroit le plus chaleureux du quartier, mais on s'en accommode sans souci. D'autant plus que côté papilles, le Sinorama tient tout à fait la route en proposant une cuisine qui s'étend des traditionnelles bouchées à la vapeur à des saveurs plus originales mais non moins succulentes comme le canard aux fleurs de lys et l'estomac de poisson farci ! Au menu, des formules adaptées au nombre de convives (de 2 à 10 personnes). **Une très bonne adresse** ; dommage que le sourire ne soit pas toujours au rendez-vous.

Des Invalides au parc André-Citroën

Bar à vins Nicolas

88 bis, rue Saint-Dominique, 7e – Tél. 01 45 52 43 55 – www.nicolas.com
Du lundi au vendredi, midi seulement – Plats 9 €, vin au verre autour de 3 € – ♿ **WC+**

Ici, on choisit d'abord le vin, et ensuite le plat qui va avec : dégustez le verre de vin au prix boutique, profitez-en pour vous aventurer dans **des robes et des tanins méconnus**, et n'oubliez pas quand même de savourer au passage une bonne blanquette façon grand-mère. Le concept plaît, pensez à réserver !

La Brasserie

22, rue Linois, 15e – Tél. 01 45 19 51 09
Tous les jours de 6h30 à 2h – Carte 20 € – ♿ **WC+**
Après des courses dans le centre commercial, une toile au MK2 ou une séance de lecture à la bibliothèque Beaugrenelle, cette brasserie **confortable** remplit parfaitement son office : on s'y requinque sans forcément s'y attarder…

Le Café du Commerce

51, rue du Commerce, 15e – Tél. 01 45 75 88 03
www.lecafeducommerce.com
Tous les jours de midi à minuit – Menu complet 23 €, carte 25 €
♿ *(une grosse marche)* **WC+**
Dans la tradition des bouillons populaires, Le Café du Commerce sert une **cuisine familiale copieuse et bon marché** (soupe à l'oignon, confit de canard, andouillette, crème brûlée : rien que du classique de qualité). La particularité : un patio central (à ciel ouvert les jours de beau temps), autour duquel se répartissent les 300 couverts sur trois étages (il n'y a pas d'ascenseur, mais la salle du rez-de-chaussée est très agréable), dont les balcons regorgent de plantes luxuriantes. Un ficus géant est même carrément planté au beau milieu de la salle ! Le tout dans un décor Belle Époque remarquablement préservé (les serveurs sont même en noir et blanc, dans la plus pure tradition des cafés parisiens).

Chez les Frères Gaudet

19, rue Duranton, 15e – Tél. 01 45 58 43 17
Du lundi au samedi, midi et soir (sauf samedi midi) – Menu 28 €, carte 45 € – ♿ **WC** *(mais attention, très petits)*
Une salle apaisante et chaleureuse : juste ce qu'il faut de luxe pour se sentir tout de suite à l'aise et pleinement profiter des talents du chef. Or des talents, Jean-Yves Gaudet en a ! De l'entrée au dessert, la cuisine est recherchée sans pour autant renier ses origines assez classiques : velouté d'asperges au foie gras, tian de rougets sur ratatouille, épaule d'agneau farcie aux olives, soupe de fraises… Une de nos meilleures adresses, d'un **rapport qualité-prix exceptionnel**.

Harmonies, Mets et Vins

20, rue Jean-Rey, 15e – Tél. 01 45 78 50 00
Tous les jours midi et soir – Menu 35 €, carte 40 € – ♿ *ascenseur* **WC+**
Appartenant à l'hôtel Mercure Tour Eiffel, ce restaurant possède une terrasse à la hauteur des quatre étoiles qu'il arbore : des arbres, des meubles en teck… le tout avec vue imprenable sur le plus célèbre monument de

Paris ! Côté gastronomie, le chef oscille entre tradition et terroir. Il a en outre assimilé le nom de l'établissement, et une attention toute particulière est donnée à l'**accord entre verre et assiette.** Le résultat : plaisir des sens garanti !

Lenôtre

40, rue Cler, 7e – Tél. 01 44 11 72 80
Salon de thé – Tous les jours de 9h (10h le lundi) à 20h30 (14h le dimanche) – Pâtisseries 5 € – Terrasse – ♿ **WC**

Pâtisseries bien sûr, mais aussi assiettes et salades, toutes évidemment très raffinées. Tranches de magret délicatement fumé, mesclun croquant et vinaigrette à la framboise... Ça change des bêtes salades jambon-gruyère-laitue ! D'autant que Lenôtre est **un véritable artiste** aussi pour la présentation des plats.

La Source

49, boulevard de La Tour-Maubourg, 7e – Tél. 01 47 05 51 34
Tous les jours jusqu'à minuit – Formule déjeuner 12,50 €, carte 25 € – ♿ **WC**

Brasserie parisienne **classique et soignée**, fréquentée par les employés des nombreux ministères alentour et les mères de famille BCBG du quartier.

Sur les Champs-Élysées

Asian

30, avenue George-V, 8e – Tél. 01 56 89 11 00 – www.asian.fr
Tous les jours de midi à 1h, fermé samedi midi – Menu "L'Asie à Paris" (uniquement midi) 13 €, carte 40 € – Salon de thé de midi à 18h, bar à cocktails de 18h à 1h – Brunch le dimanche 32 € – ♿ *ascenseur* **WC**

Tout le (beau) monde se presse dans ce resto très en vue à l'heure du thé, du cocktail ou pour goûter aux saveurs venues **des quatre coins d'Asie** : Chine et Japon, Thaïlande, Laos, Vietnam... Au rez-de-chaussée, le bar avec ses tables basses, au sous-sol, la salle à manger avec cuisine ouverte, le tout (400 couverts quand même !) géré à la perfection par les serveurs et hôtesses. Bougies sur les tables, décoration très étudiée (tout en symboles, avec des matériaux et des couleurs nobles) : l'Asian est propice à l'apaisement, sauf le week-end, où des musiciens de jazz ou un DJ sont chargés de chauffer la salle.

Café Lenôtre, Pavillon Elysée ♥

Carré Marigny, 10, avenue des Champs-Élysées, 8e – Tél. 01 42 65 85 10
Tous les jours de 8h à 23h – Carte 50 € – ♿ WC
Ateliers cuisine du lundi au samedi sur réservation : 01 42 65 97 60, 100 €

Pour sa nouvelle enseigne sur le rond-point des Champs-Élysées, Lenôtre a choisi de faire **le grand jeu** : le pavillon jumeau et voisin du théâtre Marigny abrite un "concept store" qui réunit un salon de thé-restaurant, une école de cuisine et une boutique. C'est bien pensé : on commence par le salon de thé et les exceptionnelles pâtisseries ; alléché par la carte, on revient dîner ; là, on remet sérieusement en question ses talents culinaires ; un ou deux cours de cuisine plus tard, on passe à la boutique acquérir les ustensiles in-dis-pen-sa-bles pour devenir un parfait petit cuisinier. Et en général, on retourne dîner chez Lenôtre après avoir cramé trois casseroles et essuyé les sarcasmes de l'entourage.

Copenhague, Flora Danica et Butik

142, avenue des Champs-Élysées, 8e – Tél. 01 44 13 86 26
Copenhague – Du lundi au samedi, midi et soir – Carte 100 €
Flora Danica – Tous les jours midi et soir – Menu 32 €, carte 50 €
Butik – Tous les jours de 9h à 23h – Carte 15 €
www.restaurantcopenhague.com – Terrasse – ♿ WC+ *(ascenseur)*

Si le Copenhague est effectivement très classe (salle chaleureuse et moderne avec vue sur la plus belle avenue du monde), très bon (à vous de choisir parmi les onze manières d'accommoder le saumon, à moins que vous ne préfériez le renne ou le homard) il est aussi... très cher ! Alors, plutôt que de marchander, passez au Flora Danica, plus abordable : salle "design moderne" lumineuse et aérée, cuisine toujours fameuse (harengs marinés, crevettes du Groenland) et service aussi prévenant. Et si vous êtes fauchés, reste la Butik (snack en terrasse) : **toujours du poisson, toujours sympa** et franchement moins cher.

Ladurée Champs-Elysées

75, avenue des Champs-Élysées, 8e – Tél. 01 40 75 08 75
Tous les jours de 7h30 à 0h30 – Pâtisseries autour de 5 €, menu (entrée-plat ou plat-dessert) 28 €, menu complet 33 €, carte 50 € – ♿ WC

Amateurs de macarons (parfums classiques ou carrément inattendus), cet endroit ne devrait plus avoir de secret pour vous ; et pour ceux qui ont l'esprit de contradiction, vous trouverez là des dizaines de pâtisseries toutes plus originales et savoureuses les unes que les autres. **Impossible de résister**, d'autant que la dégustation a lieu dans différents salons Napoléon III luxueux et que le service ne dénote pas. On peut également déjeuner ou dîner.

Libresens

33, rue Marbeuf, 8e – Tél. 01 53 96 00 72

Tous les jours jusqu'à 3h – Carte 30 € – ♿ WC

Il vient tout juste d'ouvrir à la place du resto de Jean-Luc Delarue, qui a fait faillite... De la cuisine branchée (tartare de tomates grappe galette de parmesan, filets de rouget, olives niçoises et tian provençal par exemple) pour clientèle branchée (du quartier), servie très gentiment par des garçons branchés (moins de 30 ans et tout de noir vêtus) dans un décor... **branché** (vaste et lumineux, cuir bordeaux, et un "cognac bar" avec fauteuils club). Il faut aimer le genre, mais Libresens remplit bien son rôle !

Au Troca, et au-delà...

Le Stade

2, rue du Commandant-Guilbaud, 16e – Tél. 01 40 71 22 22

Du lundi au samedi midi et soir – Menu 29 €, carte 35 € – ♿ WC+

Le moins qu'on puisse dire, c'est que le décor est planté dès qu'on a lu le nom du restaurant. Oui, on jouxte ici les locaux du Stade français, oui la clientèle aime le rugby, et oui, le rugby est une grande famille dont les membres parlent fort, aiment la bière et font deux mètres de haut et de large en moyenne ! Bref, l'atmosphère est, selon les jours, entre **joviale et festive**, et le lieu qui peut sembler austère en journée est donc particulièrement chaleureux le soir. Le service est efficace et accueillant, et la cuisine classique et de qualité. À éviter pour les dîners en amoureux ou si vous n'aimez pas le rugby. Mais incontournable pour la troisième mi-temps.

Tokyo in

Voir Palais de Tokyo, p. 62

Le cadre de la cafétéria du Palais de Tokyo est tout aussi **étonnant et réussi** que l'ensemble du lieu, et on peut en plus profiter d'une terrasse ensoleillée.

2

Fauteuil d'orchestre ou strapontin ?

Êtes-vous plutôt boulevard ou répertoire ? Classique, jazz, rock ou nouvelle chanson française ? Spielberg ou Rohmer ? À Paris, tout est possible, mais si la salle n'est pas accessible : raté !
Pour ne pas réduire notre champ d'action aux seules salles parfaitement adaptées, nous mentionnons aussi des salles qui, sans être "aux normes", sont facilement accessibles moyennant un peu d'aide ; tous les obstacles sont décrits précisément, et il n'y a jamais plus de 5 marches.

Les théâtres

La Comédie française

www.comedie-francaise.fr
La Comédie française, fondée en 1680, héberge une **troupe nationale**, qui joue sans relâche de septembre à juillet, alternant des pièces classiques (Molière a été mis en scène pas moins de 30 000 fois !) et des créations contemporaines. Le "Français" dispose aujourd'hui de trois salles : Richelieu, le Studio-Théâtre et le Vieux-Colombier, toutes parfaitement conçues pour accueillir les personnes handicapées.

Salle Richelieu

2, rue de Richelieu, 1er – Tél. 01 44 58 15 15
Bus : 21, 27, 39, 81, 95 ; M° Pyramides (ligne 14) – Tarif pour la personne handicapée et pour son accompagnateur : 11 € – ♿ **WC+** *(à tous les étages)*
Emplacements réservés pour les personnes en fauteuil roulant sur les côtés de l'orchestre (catégorie A).

Studio-Théâtre

Galerie du Carrousel du Louvre, 1er – Tél. 01 44 58 98 58
Bus : 21, 81 – Accès par le 99, rue de Rivoli ou par la Pyramide – Tarif pour la personne handicapée et pour son accompagnateur : 11 € – ♿ **WC+**
Emplacements réservés pour les personnes en fauteuil roulant au premier rang ; on peut soit rester dans son fauteuil personnel (en ce cas, prévenir pour qu'ils retirent un siège de la rangée), soit se transférer sur un fauteuil du théâtre.

Théâtre du Vieux-Colombier

21, rue du Vieux-Colombier, 6e – Tél. 01 44 39 87 00
Bus : 39, 94, 95, 96 – Tarif pour la personne handicapée et pour son accompagnateur : 10 € – ♿ **WC+**
Emplacements réservés en milieu de salle ; on peut rester dans son fauteuil, ou se transférer (en ce cas, prévenir au moment de la réservation).

Théâtre Molière – Maison de la Poésie

Passage Molière, 157, rue Saint-Martin, 3e – Tél. 01 44 54 53 00
www.maisondelapoesie-moliere.com
Bus : 38 – Pas de tarif réduit – **WC**

L'ancien théâtre Molière héberge depuis 1995 la Maison de la Poésie, qui propose pièces de théâtre, lectures, conférences, et plus globalement fait la promotion de la **poésie du monde entier**. Seule la grande salle est de plain-pied. Les personnes handicapées sont placées entre le 7e et le 10e rang, et peuvent au choix rester dans leur fauteuil ou se transférer.

Comédie des Champs-Elysées

15, avenue Montaigne, 8e – Tél. 01 53 23 99 19
www.comediedeschampselysees.com
Bus : 63, 80, 92 – Tarif 28 € – (2 marches) ~~WC~~

L'accès à la salle se fait par ascenseur ; les loges en fond d'orchestre sont réservées pour les personnes en fauteuil roulant. Attention, le Studio des Champs-Élysées (une salle plus petite attenante à la Comédie) n'est pas accessible.

Théâtre de la Madeleine

19, rue Surène, 8e – Tél. 01 42 65 07 09
Bus : 24, 94 ; M° Madeleine (ligne 14) ; RER Auber (ligne A)
(4 marches) ~~WC~~

Quelques marches pour accéder au hall de cette **belle salle à l'italienne** ; les places accessibles en fauteuil roulant sont celles situées à l'extrémité droite du 2e rang de corbeille, autant dire parmi les meilleures de toute la salle.

Théâtre Marigny – Robert Hossein

Carré Marigny, 8e – Tél. 01 53 96 70 30 – www.theatremarigny.fr
Salle Marigny – Tél. 01 53 96 70 00 – (2 marches) **WC**
Salle Popesco – Tél. 01 53 96 70 20 – ~~WC~~
Bus : 24, 80, 94 – Tarifs 1re catégorie

Robert Hossein, directeur, monte ou produit de **grandes fresques** populaires aux mises en scène grandiloquentes dans la grande salle (Marigny) et des pièces plus confidentielles dans la petite (Popesco). La grande salle possède des emplacements pour fauteuils roulants au fond de l'orchestre. Un ascenseur permet d'accéder au fond de la salle Popesco.

Théâtre du Rond-Point

2 bis, avenue Franklin-D.-Roosevelt, 8e – Tél. 01 44 95 98 00
www.theatredurondpoint.fr
Bus : 24, 80, 94; RER Invalides (ligne C) – Restaurant : tél. 01 44 95 98 44, tous les jours de midi à une heure du matin (sauf samedi midi, dimanche soir et lundi soir) – **WC+**

Trois salles, toutes accessibles, composent le théâtre du Rond-Point : la salle Renaud-Barrault (la plus grande), la salle Jean Tardieu et la salle Roland Topor (dédiée aux poètes comiques). Depuis novembre 2001, la direction s'attache à faire connaître "la vigueur et la diversité des **écritures d'aujourd'hui**". Le restaurant est très agréable, même en journée. Les personnes handicapées sont placées au 1er rang.

Théâtre Athénée-Louis-Jouvet

4, square de l'Opéra-Louis-Jouvet, 9e – Tél. 01 53 05 19 19
www.athenee-theatre.com
Bus : 24, 94; M° Madeleine (ligne 14); RER Auber (ligne A)
Tarif préférentiel 23 € (au lieu de 28 €) – **WC+**

Ce théâtre a été rénové en 1998 pour que les personnes à mobilité réduite puissent accéder à l'orchestre (mais non aux étages) : un monte-charge est astucieusement camouflé dans le hall d'entrée. **La programmation est exigeante** (auteurs contemporains et classiques), mais la direction ne perd jamais de vue sa mission de service public et vise une large audience. Attention toutefois à l'approche du théâtre : le square est piéton mais des marches dispersées en compliquent l'accès; arriver par la rue Boudreau (plutôt que par la rue Édouard-VII).

Théâtre Trévise

14, rue Trévise, 9e – Tél. 01 45 23 35 45 – www.theatre-trevise.com
Bus : 20, 39 – (4 marches) ~~WC~~

Le personnel vous aidera à franchir les 4 marches qui séparent le trottoir de la salle; ensuite, vous pourrez faire un transfert ou rester dans votre fauteuil personnel. **Le dimanche soir, la scène est ouverte**, et le tout-venant peut y grimper pour déclamer ce qui lui chante. Des "animateurs" donnent le ton. Une soirée insolite et parfois très émouvante.

Théâtre Antoine

14, boulevard de Strasbourg, 10e – Tél. 01 42 08 77 71
www.theatre-antoine.com
Tarifs : 37 € (au lieu de 45 €, tarif orchestre) – WC

Autrefois lieu d'expérimentations théâtrales (c'est notamment ici que les pièces de Sartre ont été montées pour la première fois), le théâtre Antoine présente aujourd'hui des **pièces d'auteur pour tout public**. L'orchestre du théâtre est parfaitement de plain-pied. Accès aux loges pour ceux qui ne veulent pas sortir de leur fauteuil, à l'orchestre pour ceux qui préfèrent un transfert.

Bouffes du Nord

37 bis, boulevard de La Chapelle, 10e – Tél. 01 46 07 34 50
www.bouffesdunord.com
Pas de tarif réduit – (5 marches) WC

Peter Brook réhabilita en 1974 cette salle laissée à l'abandon, en veillant à conserver le plus d'éléments possibles en l'état (c'est-à-dire particulièrement délabrés). C'est là qu'il met en scène depuis trente ans tout ce qu'il glane au cours de ses **escapades à travers le monde** (éléments de décor, acteurs, textes…). Le théâtre accueille également des concerts. Le hall d'entrée est séparé de la rue par 5 marches, que le personnel vous aidera volontiers à franchir. Après, l'accès à la salle est de plain-pied. Les personnes en fauteuil roulant sont placées au bord droite ou gauche du 1er rang (tarif catégorie A).

La Cartoucherie de Vincennes

Route du Champ-de-Manœuvre, 12e
Suivre les panneaux à partir de l'esplanade du Château de Vincennes (longer le Parc Floral de Paris par la route de la Pyramide, tourner à gauche au rond-point).
Parking : il est grand mais n'a pas de places réservées pour les handicapés. Du coup, on se retrouve parfois un peu loin de l'entrée des salles; pour remédier à ce problème, il est possible (en prévenant à l'avance) de se faire ouvrir la grille qui sépare le parking des théâtres, le temps de déposer au plus près de la porte les personnes à mobilité réduite (idem à la fin du spectacle).

Installées en plein bois de Vincennes, les cinq troupes de la Cartoucherie composent un ensemble solidaire qui se veut extérieur aux mondanités parisiennes du spectacle. Bien plus qu'un divertissement de fin de journée, le théâtre est ici conçu comme un espace de réflexion, tant pour les acteurs que pour le public. Tout est d'ailleurs fait pour réduire le plus possible les frontières entre ces deux côtés du monde théâtral et privilégier leur contact au-delà du temps de la représentation. Si l'endroit a quelque chose de magique, c'est qu'il a à voir avec l'utopie d'un échange permanent entre les individus. La Cartoucherie est le lieu d'**expériences théâtrales** que chacun devrait s'empresser de faire au plus vite ! Attention : chaque théâtre a plusieurs salles ; nous avons indiqué l'accessibilité de la salle principale. Il arrive parfois (rarement) que les pièces soient montées dans des salles annexes non accessibles. Demandez au moment de la réservation.

Théâtre de l'Aquarium

Tél. 01 43 74 99 61 – www.theatredelaquarium.com
theatredelaquarium@wanadoo.fr
Pas de tarif réduit – ♿ ~~WC~~
Les sièges étant montés en gradin, les fauteuils roulants sont placés au premier rang. Il faut venir un peu plus tôt pour être placé ; on peut se transférer ou rester dans son fauteuil.

Théâtre du Chaudron

Tél. 01 43 28 97 04 – lechaudron@wanadoo.fr
Pas de tarif réduit – ♿ WC

Théâtre de l'Epée de bois

Tél. 01 48 08 39 74 – theatre_epee_de_bois@caramail.com
♿ ~~WC~~

Théâtre du Soleil ♥

Tél. 01 43 74 24 08 – www.theatre-du-soleil.fr
Pas de tarif réduit – ♿ WC
Le temple d'Ariane Mnouchkine, l'**épicentre de nombre de créations théâtrales inoubliables** ! Les personnes en fauteuil sont placées au milieu du 1er rang. On peut soit s'asseoir sur le banc (depuis peu pourvu d'un coussin, ce qui est appréciable, mais comme tous les bancs, ce n'est pas hyperconfortable) ou rester dans son fauteuil (dans ce cas, le spécifier à la réservation pour qu'ils ménagent une place pour le fauteuil, toujours au milieu du 1er rang).

Théâtre de la Tempête

Tél. 01 43 28 36 36 – www.la-tempete.fr
Tarif réduit 13 € (au lieu de 18 €), 1er rang – ♿ ~~WC~~

Théâtre 13

103A, boulevard Auguste-Blanqui, 13e – Tél. 01 45 88 62 22.
www.theatre13.com
Bus : 21 – Tarif réduit pour les handicapés – ♿ WC

Ce théâtre de quartier à la réputation toujours grandissante privilégie **les jeunes troupes et les créations contemporaines.** On accède au dernier rang seulement (possibilité de rester dans son fauteuil ou de se transférer) ; mais la configuration de la salle en amphithéâtre et sa petite taille (250 places) permettent une relation presque intime avec les acteurs. Attention, seul l'accès par le boulevard Auguste-Blanqui est pratique en fauteuil roulant (par la rue Daviel, il y a des escaliers.)

La rue de la Gaîté, rue des théâtres (14e)

Située à l'extérieur de l'ancien Mur des fermiers généraux, la rue de la Gaîté doit son nom et sa réputation aux nombreux cabarets et guinguettes qui l'ont investie pour échapper aux taxes parisiennes sur les alcools. On y trouve encore aujourd'hui cinq théâtres, entre autres lieux de plaisirs. Tous, à l'exception de Bobino, sont accessibles, parfois avec aide. Attention toutefois, aucun n'est équipé de toilettes; la brasserie Brussel's Café, particulièrement bien située, peut dépanner (voir notice p. 23).
Bus : 88, 91, 92, 94, 96

Théâtre Rive gauche *(6, rue de la Gaîté – Tél. 01 43 35 32 31)*
Toutes les catégories de places sont accessibles – 🚶♿ *(1 marche)* WC

Théâtre de la Comédie italienne *(17, rue de la Gaîté Tél. 01 43 21 22 22) La salle est minuscule, on est installé au rang du milieu (on peut se transférer ou rester dans son fauteuil) –* 🚶♿ *(1 marche)* WC

Théâtre de la Gaîté Montparnasse *(26, rue de la Gaîté Tél. 01 43 22 16 18) – Orchestre de plain-pied –* ♿ WC

Théâtre Montparnasse *(31, rue de la Gaîté – Tél. 01 43 22 77 74) Une rampe est placée sur les trois marches qui permettent d'accéder à l'orchestre. Une loge, située à l'extrême gauche de la salle (visibilité moyenne), est destinée à accueillir les personnes en fauteuil. Néanmoins, vous pouvez préférer vous asseoir sur un fauteuil du théâtre (attention, des strapontins gênent le transfert); dans ce cas, tous les rangs sont accessibles mais il faut demander à être placé sur le bord de la rangée – Tarif réduit –* 🚶♿ *(3 marches)* WC

Théâtre de la Cité internationale

Voir Cité internationale universitaire de Paris, p. 90.

Théâtres privés et accessibilité

Une cinquantaine de théâtres privés se sont regroupés autour d'un site Internet pour faciliter leur communication auprès du public. Pour chaque salle, un pictogramme spécifie l'accessibilité en fauteuil roulant. Attention cependant : rien d'autre n'est précisé, et les salles parfaitement de plain-pied sont rares. L'attribution du label ne signifie pas que la salle est aux normes officielles d'accessibilité, mais plutôt qu'une procédure existe pour accueillir les personnes en fauteuil roulant. Renseignez-vous sur le nombre de marches, la présence ou non de toilettes, l'emplacement dans la salle, etc.
www.theatresprives.com

Théâtre national de Chaillot

1, place du Trocadéro, 16e – Tél. 01 53 65 30 00 et 01 53 65 30 74 (renseignements handicapés) – www.theatre-chaillot.fr
Bus : 30, 63 (place du Trocadéro) – Tarifs : normal pour les personnes handicapées, réduit pour leur accompagnateur (un par personne)
♿ *ascenseur, rampes* ~~WC~~

Chaillot est composé de deux salles : la salle Jean Vilar (1 200 places) et la salle Gémier (420 places). On les rejoint par des chemins différents. Pour la salle Jean Vilar : le monte-charge à l'entrée principale (place du Trocadéro) est en panne depuis plusieurs années. Plutôt que le réparer, ils préfèrent nous faire passer par l'entrée des livraisons : il faut, quand on arrive au pied des marches, demander à quelqu'un d'aller chercher une personne du théâtre, qui va ensuite prendre la clé et revient ouvrir le portail en question. Suit une rampe assez raide et une balade dans le labyrinthe des coulisses du théâtre. Ça paraît un peu compliqué, mais tout se passe bien ! Une fois dans la salle, **on est très bien placé**, au 3e rang.

Pour la salle Gémier, on entre par le bas du jardin du Trocadéro (au niveau des fontaines). Ne vous garez pas place du Trocadéro ! Devant la porte, téléphonez (vive le portable !) pour qu'ils ouvrent l'issue de secours de l'intérieur. On peut alors accéder à la salle (1er rang).

Malheureusement, le magnifique piano-bar avec vue sur la tour Eiffel n'est pas du tout accessible. À vous de faire du charme pour vous y faire porter (beaucoup, beaucoup de marches)... ou d'écrire aux réclamations.

Théâtre de l'Atelier

1, place Charles-Dullin, 18e – Tél. 01 46 06 49 24 – www.theatre-atelier.com
Bus : 30 – ♿ **WC**

Une loge placée tout à fait à droite de la salle est complètement de plain-pied. Alors même que le théâtre estime que ce n'est pas la peine de proposer un siège pour les personnes en fauteuil roulant (qui ont leur propre fauteuil !), il leur impose le tarif le plus élevé considérant qu'elles sont à l'orchestre... Et son personnel se permet en plus d'être très mal aimable. Il n'en reste pas moins que la programmation est exceptionnelle et la loge en question facile d'accès.

Théâtre national de la Colline

15, rue Malte-Brun, 20e – Tél. 01 44 62 52 52 (location)
www.colline.fr – f.thirion@colline.fr
Bus : 26, 60, 96 – ♿ WC

La Colline, ce n'est pas un simple théâtre, c'est aussi **un lieu de débats, de conférences**... Pour chaque création, au moins une représentation est suivie d'une rencontre avec le metteur en scène. Les deux salles (Grand et Petit Théâtre) sont accessibles en fauteuil roulant (des places sont réservées). Mais pourquoi l'ascenseur ne dessert-il pas le bar et la librairie ? Dommage...

Théâtre de l'Est parisien

159, avenue Gambetta, 20e – Tél. 01 43 64 80 80
www.theatre-estparisien.net
Bus : 26, 60, 96 – ♿ ~~WC~~

La directrice veut un **théâtre vivant, ouvert et citoyen**. L'enthousiasme des jeunes auteurs et acteurs (le TEP est l'une des rares salles qui fonctionne autour d'une troupe) est très communicatif. Salle parfaitement accessible (attention, pas les toilettes), pas la moindre petite marche à l'horizon ! On est forcément installé au dernier rang (possibilité de se transférer ou non).

Les salles de concert

Théâtre du Châtelet ♥

1, place du Châtelet, 1er – Tél. 01 40 28 28 28, 01 40 28 28 40 (réservations), 01 40 28 28 00 (relations avec le public) – www.chatelet-theatre.com
Bus : 21, 38, 81, 96 ; M° Châtelet (ligne 14) ; RER Châtelet-Les Halles (lignes A, B, D) – ♿ WC+

Une programmation classique de grande qualité avec **les meilleurs interprètes du moment**, des formules de concert variées (opéras, ballets, récitals, concerts brefs du midi et du dimanche matin...). En prime, le Châtelet est complètement aménagé. Le point négatif : l'emplacement conseillé pour les handicapés n'est pas très confortable et d'une visibilité moyenne (mais d'une excellente acoustique)...

Duc des Lombards

42, rue des Lombards, 1er – Tél. 01 42 33 22 88 – www.jazzvalley.com/duc
Bus : 20, 38, 39 ; RER Châtelet-Les Halles (lignes A, B, D)
(1 marche) WC

Une programmation **100 % jazz**, qui n'hésite pas à provoquer des rencontres inédites entre artistes et à prêter son acoustique pour des enregistrements *live*. La direction de la salle a d'ailleurs été saluée par la critique (elle s'est vue attribuer par le journal *Jazzman* le "Palmarès des Clubs" en 2001).

Le Sunside

60, rue des Lombards, 1er – Tél. 01 40 26 46 60
Bus : 20, 38, 39 ; RER Châtelet-Les Halles (lignes A, B, D)
Entrée : 18 € – WC

Le Sunside propose une programmation plutôt tournée vers le **jazz acoustique.** Il est en fait installé dans l'ancien restaurant dépendant du Sunset, célèbre club de cette rue des Lombards où le jazz est décidément à l'honneur. Le Sunset lui-même est non accessible, puisqu'en sous-sol sans ascenseur.

L'Opéra national de Paris

Réservation pour personnes handicapées (pour Bastille et Garnier) :
01 40 01 18 50 – www.operadeparis.fr

Les places accessibles ne sont vendues qu'à des personnes handicapées et à leur(s) accompagnateur(s) jusqu'à quelques jours avant le spectacle, moment où elles sont remises en vente au guichet "normal" : vous avez donc toutes les chances d'en obtenir et d'échapper aux six mois d'attente habituels. Attention, on ne peut pas toujours se transférer sur les sièges (des strapontins en gênent l'approche) ; mais même pour les places les moins chères, la visibilité et l'acoustique sont excellentes.

Palais Garnier

8, rue Scribe, 2e
Bus : 20, 21, 27, 81, 95 ; RER Auber (ligne A) – (cour pavée) WC+ *(au sous-sol – on y passe en arrivant)* WC *(aux 2e loges côté impair – dames)*

L'Opéra Garnier peut paraître un peu compliqué d'accès : on évite l'escalier monumental de l'entrée en passant par l'arrière au 8 rue Scribe, où le personnel vous attend pour vous guider jusqu'à votre place, à travers un dédale de couloirs et d'ascenseurs. Une seule catégorie de place est proposée, au troisième rang des deuxièmes loges. En clair : ce sont des places au deuxième étage, dans une loge de face, et les personnes en fauteuil sont au dernier rang de ces loges qui en comptent trois ; la visibilité pourrait être meilleure, mais on voit quand même toute la scène et les surtitres. Et l'acoustique bien sûr est excellente. Le tarif est raisonnable (23 €, soit la 5e catégorie de prix). Une fois à l'intérieur, on peut déambuler dans tous les salons, coursives, etc. et admirer les peintures, mosaïques et tout simplement la **majesté du lieu.**

Opéra Bastille ♥

Place de la Bastille, 12e

Bus : 20, 91 – ♿ **WC+** *(à tous les niveaux)*

Si Garnier n'est pas vraiment "fait pour", Bastille est en revanche très bien adapté à l'accueil des personnes handicapées : différentes catégories de place (toutes sur le parterre, de la 2e à la 6e catégorie) sont proposées pour les personnes en fauteuil roulant. Les ascenseurs sont en libre-service. Il est également possible (et recommandé !) de suivre la **très impressionnante visite guidée** (réservation au 01 40 01 19 70), qui, à travers les entrailles de l'édifice, permet d'en saisir le fonctionnement : la salle dans laquelle ont lieu les représentations ne représente que 5 % de l'espace total !

Opéra Comique

Place Boieldieu, 2e – Tél. 01 42 44 45 46 – www.opera-comique.com

Bus : 20, 39 – Tarif réduit : 7 € – ♿ *ascenseur* WC

"Théâtre musical populaire" dirigé par Jérôme Savary, il propose également des **concerts classiques de très bonne qualité.** Il faut se présenter sur la place Boieldieu à l'entrée principale, faire signe à un membre du personnel qui vous ouvrira une porte latérale (sur la droite) de plain-pied ; ensuite, on utilise un ascenseur (attention il est exigu et ne conviendra pas pour les fauteuils les plus larges) qui conduit à l'orchestre. On est installé au 1er rang droite ou gauche ; et comme l'on reste dans son fauteuil, on paie un tarif exceptionnellement bas pour des emplacements de 1re catégorie.

Théâtre de la Ville et Les Abbesses

Tél. 01 42 74 22 77 – www.theatredelaville-paris.com

Accueillant les plus grands noms **de la danse contemporaine, des musiques folkloriques du monde entier ou encore de la musique actuelle**, le théâtre de la Ville et son homologue des Abbesses font partie de ces lieux incontournables de la culture vivante à Paris.

Théâtre de la Ville

2, place du Châtelet, 4e
Bus : 21, 38, 81, 96; M° Châtelet (ligne 14);
RER Châtelet-Les Halles (lignes A, B, D) – ♿ WC

On accède au Théâtre de la Ville par le 16, quai de Gesvres, où l'on est immédiatement pris en charge par un membre du personnel et guidé jusqu'aux places réservées aux personnes handicapées au premier rang de la salle. Petit plus : votre parcours traverse les coulisses, vous donnant éventuellement l'occasion de croiser les artistes avant et après le spectacle ! Pensez à vous faire expédier à l'avance les places pour éviter d'affronter la foule et la marche du hall d'entrée avant le spectacle.

Les Abbesses

31, rue des Abbesses, 18e
Bus : 30, 80, 95 – ♿ WC

Il faut se présenter à l'accueil et une personne vous accompagnera par l'entrée administrative (c'est là aussi que se trouvent les toilettes accessibles, du côté hommes). Les personnes en fauteuil sont placées au premier rang.

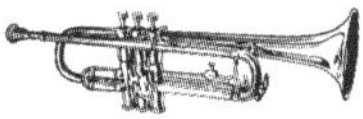

Théâtre des Champs-Elysées

15, avenue Montaigne, 8e – Tél. 01 49 52 50 50 (location) et 01 49 52 50 00 (administration) – www.theatrechampselysees.fr
Bus : 63, 80, 92 – Moitié prix de la 1re catégorie, placement à l'orchestre – ♿ *(2 marches)* WC

Opéra, musique de chambre, danse, récital, orchestre, jazz, variétés : quel que soit le genre, ce sont les plus grands noms qui sont à l'affiche, pour une programmation décidément éclectique. C'est aussi l'une des salles qui héberge l'Orchestre de Radio France. Les personnes handicapées qui restent dans leur fauteuil paient demi-tarif. Si toutefois vous préférez faire un transfert, vous paierez votre place au tarif normal.

Casino de Paris

16, rue de Clichy, 9e – Tél. 08 92 69 89 26 – www.casinodeparis.fr
Bus : 26, 30, 95 ; M° Saint-Lazare (ligne 14) ;
RER Haussmann-Saint-Lazare (ligne E) – (3 marches) WC

Cette ancienne salle de music-hall accueille aujourd'hui principalement **concerts et spectacles comiques.** Après les 3 marches du hall d'entrée, l'accès à la salle est de plain-pied. Deux possibilités : soit vous restez dans votre fauteuil au fond de l'orchestre (rang U, tarif 3e catégorie). Soit vous payez le tarif qui correspond au rang que vous désirez (on peut accéder à tous les rangs de l'orchestre) et vous vous asseyez dans un siège de la salle. Attention, à la réservation, demandez le fauteuil le plus proche du couloir central pour faciliter le transfert.

Elysée Montmartre ♥

72, boulevard de Rochechouart, 9e – Tél. 01 55 07 06 00 et 01 44 92 45 36
www.elyseemontmartre.com
Bus : 30, 31 – WC

La salle est parfaitement aménagée pour accueillir le public en fauteuil roulant (il n'y a donc pas de tarif préférentiel). Comme quoi l'ancienneté du lieu ne fait rien à l'affaire, car l'Élysée Montmartre existe depuis 1807 ! **Rock, spectacles musicaux et nouvelle chanson française.**

Olympia

28, boulevard des Capucines, 9e – Tél. 08 92 68 33 68 – www.olympiahall.com
Tarifs obligatoirement en 2e catégorie – Bus : 21, 24, 27, 94, 95 – WC

Accès à la salle sans souci ; attention, on ne peut pas se transférer sur les sièges et le seul espace pour les fauteuils roulants est au milieu de l'allée centrale, juste derrière la console de réglages. On a donc un peu l'impression d'être posé là, ce qui pourrait gâcher le spectacle. Mais grâce à l'**excellente programmation**, on finit toujours par y revenir…

New Morning

7-9, rue des Petites Écuries, 10e – Tél. 01 45 23 51 41
www.newmorning.com
Bus : 38, 39 – (rampe raide) WC

Le New Morning est une **scène incontournable du jazz à Paris.** Les plus grands noms y jouent depuis une trentaine d'années dans un espace de 500 places. Pour accéder à la salle, une rampe permet de franchir les 4 marches.

Bataclan

50, boulevard Voltaire, 11e – Tél. 01 43 14 35 35 – www.bataclan.fr
Bus : 20, 96 – ♿ WC

Soirées, concerts, one-man shows… Pas de problème pour accéder jusqu'à la salle, sauf pour les places de l'orchestre pour lesquelles il faut descendre 2 marches.

La Chapelle des Lombards

19, rue de Lappe, 11e – Tél. 01 43 57 24 24 – http://chapelle.lombards.free.fr
Bus : 20, 91 – ♿ WC

Zouk, salsa, reggae, funk, soul… toutes les musiques de l'Afrique et des Caraïbes (en *live* ou *sound system*) sont l'occasion de soirées *"mucho caliente"* !

La Fenêtre

77, rue de Charonne, 11e – Tél. 01 40 09 70 40
http://perso.wanadoo.fr/la-fenetre
♿ *(porte cochère et cour pavée)* WC

Prévenez que vous êtes en fauteuil : la porte cochère sera ouverte pour votre arrivée. Reste à traverser la cour (pavée) et à vous les concerts (principalement **jazz mais aussi spectacles pour enfants, musique classique…**) dans cette toute petite salle (50 places assises). Le premier dimanche du mois, La Fenêtre prête sa salle aux musiciens amateurs (pour des prestations d'un quart d'heure), récompensés ensuite par une soirée crêpes (concert et crêpes 15 €) !

Le Nouveau Casino

109, rue Oberkampf, 11e – Tél. 01 43 57 57 40
Bus : 96 – ♿ WC+

Voir Café Charbon, p. 15

Palais omnisports de Paris-Bercy

8, boulevard de Bercy, 12e – Tél. 01 40 02 60 60 (renseignements), 08 92 69 23 00 (réservations) – www.bercy.fr
Bus : 24; M° Bercy (ligne 14) – ♿ WC *(5e étage)*

Bercy accueille compétitions de ski et de planche à voile, tournois de tennis, concerts de rock ou opéras de Verdi. Autant dire que la **polyvalence** de la salle est à toute épreuve. Quelle que soit la manifestation, les personnes handicapées ont accès à un emplacement qui leur est réservé. Renseignez-vous pour connaître la configuration de la salle du spectacle que vous convoitez : vous saurez alors où vous serez placé par rapport à la scène. Quoi qu'il en soit, il n'y a pas de place aveugle. Les personnes en fauteuil roulant et leur accompagnateur (dans la limite d'un par personne) paient le tarif le plus bas. L'entrée accessible se situe à la porte 38 ; le personnel vous accompagnera jusqu'à votre place.

L'Entrepôt

Voir "Tabouret de bar et banquette de resto", p. 23

Le Petit Journal Montparnasse

13, rue du Commandant-Mouchotte, 14e – Tél. 01 43 21 56 70 ou 01 43 21 97 62 – www.petitjournal-montparnasse.com
Bus : 88, 91, 92, 94, 96 – ♿ **WC+**

Frère jumeau du fameux Petit Journal Saint-Michel, la mouture Montparnasse a l'avantage d'être entièrement adaptée pour les fauteuils roulants. La programmation est résolument tournée vers les **jazz du monde entier** (ont été récemment accueillis Manu Dibango et Didier Lockwood) ; et pour que le plaisir soit total, vous pouvez vous installer confortablement sur une banquette de cette grande salle pour boire un verre ou dîner pendant que les musiciens s'exécutent.

Radio France

116, avenue du Président-Kennedy, 16e – Tél. 01 56 40 15 16
www.radio-france.fr – Contact : Murielle Divi, tél. 01 56 40 36 92
Bus : 62 ; RER Kennedy-Maison-de-Radio-France (ligne C) – Tarif réduit pour les personnes handicapées : 7,50 € – ♿ **WC** *(porte B et grand hall)*

Quatre formations permanentes (l'Orchestre national de France, l'Orchestre philharmonique de Radio France, le Chœur et la Maîtrise de Radio France), **plus de 300 musiciens, quelque 120 concerts par an** : les antennes (notamment France Musiques) sont ainsi alimentées en direct et par retransmissions. Les auditeurs parisiens peuvent profiter du *live* en allant à la Maison de la Radio écouter les prestations. Beaucoup de concerts sont gratuits. Les trois studios d'enregistrement sont accessibles : studio Charles Trénet, studio Sacha Guitry, salle Olivier Messiaen. Des places sont réservées pour les fauteuils roulants.

La Cigale

120, boulevard de Rochechouart, 18e – Tél. 01 49 25 81 75 – www.lacigale.fr
Bus : 30 – 🚶♿ ~~WC~~

Rouverte en 1987 après avoir été redessinée par Philippe Starck, la Cigale n'a pas été pensée pour les fauteuils (la loi d'insertion date pourtant de 1975). On peut néanmoins y accéder par l'entrée annexe. Pensez à prévenir ! **Rock, rock et variété décalée.**

Cité de la Musique

221, avenue Jean-Jaurès, 19e – Tél. : 01 44 84 45 00, 01 44 84 45 45 (renseignements) et 01 44 84 44 84 (réservations) – www.cite-musique.fr
Bus : 60, PC – Musée gratuit – Concerts tarif catégorie A – ♿ **WC+**

La Cité de la Musique est composée pour l'essentiel d'un musée, d'une salle de concerts et d'un centre de documentation (donnant entre autres des renseignements très utiles sur la pratique musicale à Paris).
On arpente le musée (parfaitement accessible) équipé d'un casque à infrarouges qui permet d'entendre les instruments présentés (plus de mille). Conteurs ou musiciens animent les visites guidées.
La programmation de la salle de concerts présente quant à elle un **éventail d'inspirations très variées.** Elle traduit en effet une politique qui vise – et réussit – à rétablir sur un même plan des répertoires dits savants (baroque, médiéval, contemporain...), et d'autres habituellement considérés comme populaires (chanson, jazz, musique folklorique...). L'orchestre est prévu pour l'accès des fauteuils roulants, mais pas le balcon. Des places sont réservées au premier rang (attention, le transfert sur les sièges est périlleux à cause d'une estrade; mais on peut sans problème rester sur son fauteuil). Le personnel est très prévenant et habitué à accueillir les personnes en fauteuil.

Le Zénith de Paris

211, avenue Jean-Jaurès, 19e – Tél. 01 42 08 60 00 (répondeur)
www.le-zenith.com/paris
Bus : PC – ♿ **WC+**

Inauguré par Renaud le 17 janvier 1984, le Zénith a été conçu pour pallier l'absence à Paris de salle capable d'accueillir des **concerts de rock et la foule qui les accompagnent.** Attention, seul un emplacement situé dans la fosse est accessible aux fauteuils roulants (donc en contrebas de la scène et pas très confortable pour un concert de hard-rock !). Au moment de la réservation, précisez que vous êtes handicapé : la billetterie vous vendra une place non numérotée (pour vous et un accompagnateur), au tarif de la catégorie la moins chère; vous serez guidé à votre arrivée jusqu'à l'emplacement réservé.

La Maroquinerie

Voir "Tabouret de bar et banquette de resto", p. 19

Les salles de cinéma

Avec 378 écrans et plus de 400 films différents chaque semaine, sans compter les festivals et rétrospectives, Paris est la capitale mondiale du cinéma. Hormis les grands complexes récents, qui sont entièrement accessibles, les cinémas parisiens ne sont pas tous, loin de là, équipés d'ascenseurs. Restent toutes les salles en rez-de-chaussée, ce qui laisse largement de quoi faire pour profiter de la programmation des indépendants ou pour voir les films après la première exclusivité.
La liste ci-dessous recense de manière exhaustive les salles parisiennes accessibles en fauteuil. Les numéros de téléphone permettent de s'adresser directement à quelqu'un ou aboutissent sur un répondeur qui spécifie l'accessibilité des salles : n'oubliez pas de téléphoner pour savoir si le film que vous voulez voir passe bien dans une salle en rez-de-chaussée. Pour certaines salles, il vous faudra franchir quelques marches : en général, le personnel se tient à votre disposition pour vous aider. Enfin, attention : toutes les salles ne sont pas équipées de toilettes aménagées. Certaines (plus souvent les indépendantes) pratiquent le tarif réduit pour les personnes handicapées : n'hésitez pas à le demander, même si ce n'est pas automatique !

À consulter

- www.gaumont.fr : l'accessibilité est spécifiée par film ! Bravo !
- www.ugc.fr et UGC Prompto (08 92 70 00 00), un service vocal.
- www.mk2.com

UGC Ciné Cité-Les Halles

7, place de la Rotonde (Forum des Halles niveau –3), 1er
Tél. 01 40 26 23 50 (ligne directe)
Quinze salles sont accessibles (toutes sauf la 7, la 8 et la 9)
♿ *ascenseur (clé chez l'un des membres du personnel)* **WC+**

Gaumont Opéra Premier

31, boulevard des Italiens, 2e – Tél. 01 43 12 91 40 (ligne directe)
Les 6 salles sont accessibles – ♿ *ascenseur* **WC+**

Rex

1, boulevard Poissonnière, 2e – Tél. 01 42 36 83 93 (répondeur)
Salle du Grand Rex et salle 5 accessibles – ♿ *ascenseur* **WC**

Accattone

20, rue Cujas, 5e – Tél. 01 46 33 86 86 (ligne directe)
L'unique salle est accessible après 4 marches – WC

Action Ecoles

23, rue des Écoles, 5e – Tél. 01 43 25 72 07 (ligne directe)
Salle 2 accessible après 3 marches – WC

Le Champo

51, rue des Écoles, 5e – Tél. 01 43 29 79 04 (ligne directe)
Salle 1 accessible après 2 marches – WC

Cinéma du Panthéon

13, rue Victor-Cousin, 5e – Tél. 01 40 46 01 21 (ligne directe)
L'unique salle est accessible après 4 marches – WC

Reflet Médicis

7, rue Champollion, 5e – Tél. 01 46 33 25 97 (ligne directe)
Entrer par la sortie : passer le trottoir puis 2 marches ; ensuite, salle 2 de plain-pied et salle 3 accessible après 3 marches supplémentaires (la salle 1, Louis Jouvet, n'est pas accessible) – WC

Ce cinéma, qui a bénéficié de subventions publiques à l'occasion de sa remise à neuf en 2003, n'a tenu aucun compte de la loi de 1975 ; les difficultés d'accessibilité n'y sont pas compensées par la qualité de l'accueil.

Studio des Ursulines

10, rue des Ursulines, 5e – Tél. 08 25 82 61 30 (répondeur)
L'unique salle est accessible après 2 + 4 marches ; le personnel sait manipuler les fauteuils et se montre très disponible – WC

Action Christine

4, rue Christine, 6e – Tél. 01 43 25 85 78 (ligne directe)
Salle 2 de plain-pied par l'entrée (accès au dernier rang) et par la sortie (accès aux 3 premiers rangs) – WC

Cinoches

1, rue de Condé, 6e – Tél. 01 46 33 24 56 (ligne directe)
Les 2 salles sont de plain-pied – WC

MK2 Hautefeuille

7, rue Hautefeuille, 6e – Tél. 01 46 33 27 85 (ligne directe)
Salle 2 accessible après 1 marche – WC

Saint-André-des-Arts
30, rue Saint-André-des-Arts, 6e – Tél. 01 43 26 48 18 (ligne directe)
Salle 2 accessible après 4 marches – ♿ ~~WC~~

Saint-André-des-Arts bis
12, rue Gît-le-Cœur, 6e – Tél. 01 43 26 80 25 (ligne directe)
L'unique salle est accessible après 4 marches – ♿ ~~WC~~

UGC Montparnasse
83, boulevard du Montparnasse, 6e – Tél. 01 45 44 14 85 (ligne directe)
Salles 5 et 6 de plain-pied – ♿ WC

Elysées Lincoln
14, rue Lincoln, 8e – Tél. 01 43 35 45 80 (ligne directe)
Salle 2 accessible après 3 + 2 marches – ♿ ~~WC~~

Gaumont Ambassade
50, avenue des Champs-Élysées, 8e – Tél. 01 42 25 22 03 (ligne directe)
Salle 3 accessible après 3 marches – ♿ ~~WC~~

Saint-Lazare Pasquier
44, rue Pasquier, 8e – Tél. 01 43 87 56 16 (ligne directe)
Salle 1 de plain-pied – ♿ ~~WC~~

UGC George-V
146, avenue des Champs-Élysées, 8e – Tél. 01 42 25 81 25 (ligne directe)
5 salles accessibles après 4 marches – ♿ ~~WC~~

UGC Triomphe
92, avenue des Champs-Élysées, 8e – Tél. 01 45 62 24 25 (ligne directe)
Salle 1 de plain-pied – ♿ *(une grosse marche)* ~~WC~~

5 Caumartin
101, rue Saint-Lazare, 9e – Tél. 01 53 32 85 29 (ligne directe)
Salle 1 de plain-pied – ♿ WC+

Max Linder Panorama
24, boulevard Poissonnière, 9e – Tél. 01 48 24 00 47 (ligne directe)
♿ WC+

On ne peut accéder qu'à l'orchestre de cette salle mythique qui possède aussi une mezzanine et un balcon, mais on est bien placés (on peut aller du fond au devant).

Paramount Opéra
2, boulevard des Capucines, 9e
Tél. 01 47 42 35 00 (ligne directe)
Salles 2 et 4 de plain-pied – ♿ WC+

La Bastille
5, rue du Faubourg-Saint-Antoine, 11e
Tél. 01 43 42 16 80 (ligne directe)
Salle 1 de plain-pied – ♿ ~~WC~~

MK2 Bastille
4, boulevard Beaumarchais, 11e – Tél. 01 47 00 51 13 (ligne directe)
Salles 1 et 2 de plain-pied par la sortie (boulevard Richard-Lenoir)
♿ ~~WC~~

UGC Ciné Cité-Bercy
2, cour Saint-Émilion, 12e
Les 18 salles sont accessibles – ♿ WC+ *(sous-sol et 3e étage)*

Escurial
11, boulevard de Port-Royal, 13e – Tél. 01 47 07 28 04 (répondeur)
Salle 1 (panorama) accessible après 3 marches – 🚶♿ ~~WC~~

Gaumont Gobelins Fauvettes
58, avenue des Gobelins, 13e – Tél. 01 43 31 56 86 (ligne directe)
Salle 1 de plain-pied – ♿ ~~WC~~

Gaumont Grand Écran Italie
30, place d'Italie, 13e
Les 3 salles sont accessibles par le niveau –1 du centre commercial
♿ WC+
Pour la grande salle, les handicapés entrent les premiers et peuvent donc s'asseoir en plein milieu !

MK2 Bibliothèque
128, avenue de France, 13e
Les 12 salles sont accessibles (10 au 1er rang, les 2 écrans géants au dernier rang) – ♿ WC+

UGC Gobelins
66, avenue des Gobelins, 13e – Tél. 01 43 36 01 02 (ligne directe)
Salle 2 de plain-pied – ♿ ~~WC~~

Denfert

24, place Denfert-Rochereau, 14e – Tél. 01 43 21 41 01 (ligne directe)
L'unique salle est accessible après 3 marches – ♿ ~~WC~~
Le personnel aide volontiers et sait manipuler les fauteuils.

L'Entrepôt

7-9, rue Francis-de-Pressensé, 14e
Tél. 01 45 40 07 50 (ligne directe après boîte vocale)
Salle 1 de plain-pied – ♿ *(une grosse marche)* **WC+**

Gaumont Alésia

73, avenue du Général-Leclerc, 14e – Tél. 01 43 27 86 90 (ligne directe)
Salles 2 et 3 de plain-pied – ♿ **WC+**

Gaumont Parnasse

3, rue d'Odessa, 14e – Tél. 01 43 35 16 17 (ligne directe)
Toutes les salles sauf la 12 sont accessibles – ♿ **WC+**

Miramar

3, rue du Départ, 14e – Tél. 01 43 20 95 93 (ligne directe)
Salle 1 accessible après 3 marches – ♿ ~~WC~~

Mistral

70, avenue du Général-Leclerc, 14e
Tél. 01 45 39 42 08 (ligne directe)
Salles 2 et 4 de plain-pied – ♿ ~~WC~~

Gaumont Aquaboulevard

8-16, rue du Colonel-Pierre-Avia, 15e
Les 15 salles sont accessibles – ♿ **WC+**

Gaumont Convention

27, rue Alain-Chartier, 15e – Tél. 01 45 33 56 76 (ligne directe)
Salle 3 de plain-pied – ♿ **WC**

MK2 Beaugrenelle

16, rue Linois, 15e – Tél. 01 45 75 74 42 (ligne directe)
Salle 5 de plain-pied par la sortie – ♿ ~~WC~~

Majestic Passy

18, rue de Passy, 16e – Tél. 01 42 24 46 24 (répondeur)
Salle 1 accessible – ♿ ~~WC~~

Cinéma des cinéastes
7, avenue de Clichy, 17e – Tél. 01 53 42 40 20 (ligne directe)
Toutes les salles sont accessibles – ♿ WC+

Pathé Wepler
140, boulevard de Clichy, 18e – Tél. 01 44 90 81 81 (ligne directe)
11 salles accessibles sur 14 – ♿ WC+

Studio 28
10, rue Tholozé, 18e – Tél. 01 46 06 36 07 (ligne directe)
L'unique salle est accessible (4 marches) – ♿ ~~WC~~

MK2 Quai de Seine
14, quai de la Seine, 19e
Les 6 salles sont accessibles par ascenseur – ♿ WC+

MK2 Gambetta
6, rue Belgrand, 20e – Tél. 01 47 97 95 02 (ligne directe)
Salle 2 accessible (3 marches) et salle 3 de plain-pied – ♿ ~~WC~~

Voir et revoir Paris au Forum des images

Le Forum des images a constitué un fonds de 6 500 films, de 1895 à nos jours : fictions, documentaires, actualités, publicités, émissions de télévision, longs et courts métrages… ayant tous Paris ou sa banlieue pour sujet ou décor.
La collection est exploitée à travers des cycles thématiques, des rendez-vous, des festivals (notamment les "Rencontres internationales de cinéma à Paris").
Pour visionner : des écrans de cinéma, mais aussi une salle de consultation avec des postes individuels, où l'on peut choisir à la carte parmi la totalité du catalogue : pour tout voir, il faudrait dix-huit mois en venant tous les jours toute la journée ! Le site Internet met l'eau à la bouche, et il est possible de réserver son film via le catalogue en ligne.
Place Carrée (Forum des Halles), 1er – Tél. 01 44 76 63 14
www.forumdesimages.net
Bus : 21, 38, 81, 96 ; M° Châtelet (ligne 14) ; RER Châtelet-Les Halles (lignes A, B, D – sortie Rambuteau puis Forum - Place Carrée)
Du mardi au dimanche de 13h à 21h (22h le jeudi)
Tarif : 5,50 € (valable une journée pour toutes les séances de cinéma, 2 heures de visionnage en salle de consultation et 30 minutes de connexion à Cyberport)
Toutes les salles sont accessibles grâce à un ascenseur – ♿ ~~WC~~ *(mais il y en a juste à côté à l'UGC Cité Ciné, et d'autres dans le Forum des Halles)*

3

L'art dans un fauteuil !

Sophie Calle ou Botticelli, l'art étrusque ou l'art khmer : les musées parisiens réussissent à conjuguer modernité et éternité... De plus en plus de bâtiments sont équipés pour l'accueil des personnes handicapées et quand ils ne le sont pas, le personnel est souvent capable d'en organiser l'accès. De toute façon, n'hésitez jamais à contacter un musée qui vous intéresse, même si de l'extérieur il peut vous paraître aussi praticable que le sommet du mont Blanc. Petite sélection subjective (et assumée comme telle) de quelques hauts lieux de l'art...

Musée du Louvre

Palais du Louvre, 1er – Tél. 01 40 20 50 50 – www.louvre.fr
(une rubrique du site est consacrée au handicap)
Contact : Anne-Marie Hadbi (chargée des publics handicapés moteurs), tél. 01 40 20 54 32, hadbi@louvre.fr ou handicap@louvre.fr
Bus : 21, 24, 27, 39, 81, 95 – Ouvert tous les jours sauf le mardi, de 9h à 18h45 (21h45 le lundi et le mercredi) ; nocturnes réservées pour les groupes constitués de personnes handicapées, jeudi de 18h à 21h45 – Gratuit et accès prioritaire pour la personne handicapée et son accompagnateur
Conférence : 3,50 € pour la personne handicapée, gratuit pour son accompagnateur – Plan de l'accessibilité disponible à l'accueil (sous la Pyramide) – Prêt de fauteuils roulants – ♿ **WC+**
Parc de stationnement Carrousel Louvre (par la rue de Rivoli ou par le quai des Tuileries) avec accès direct à la Pyramide : demi-tarif pour les personnes handicapées (règlement au niveau –3)

La fondation du Louvre, palais avant d'être musée, remonte à 1190 ; cinq chantiers pharaoniques (sous Philippe Auguste, François Ier, Henri IV, Napoléon III et François Mitterrand) ont fini par donner le Grand Louvre d'aujourd'hui. Que dire du fonds du musée, tant il semble sans fin et diversifié ? Arts premiers, art égyptien, antiquités grecques et romaines, peinture et sculpture... : **toutes les périodes artistiques de l'humanité** sont largement représentées jusqu'à la moitié du XIXe siècle (pour la suite, traversez la Seine direction le musée d'Orsay).

D'un point de vue pratique, tout a été pensé pour les fauteuils roulants. Muni d'un plan distribué à l'accueil localisant ascenseurs et toilettes, on peut accéder à toutes les salles, gratuitement et sans faire la queue. Enfin, finissons par le plus inattendu. On n'a pas ici la frustration de rater l'entrée monumentale et de se contenter d'une porte dérobée : le spectaculaire ascenseur situé sous la Pyramide nous est exclusivement réservé ; les autres se contentent de l'escalier (et font la queue).

Conservatoire national des Arts et Métiers

60, rue Réaumur, 3e – Tél. 01 53 01 82 00 – www.arts-et-metiers.net
Bus : 20, 38, 39 – Ouvert du mardi au dimanche, de 10h à 18h
(21h30 le jeudi) – Tarif : 5,50 €, gratuit pour l'accompagnateur
Prêt de fauteuils roulants – ♿ WC

En 1794, l'abbé Grégoire propose à l'Assemblée révolutionnaire de créer un conservatoire des arts et métiers sur le site de l'abbaye de Saint-Martin-des-Champs : dans ce lieu à vocation pédagogique serait présentée une collection d'inventions visant à sensibiliser le peuple aux **merveilles techniques et industrielles** produites par l'intelligence humaine. Depuis lors, la collection s'est constamment enrichie de machines et autres matériaux, et, en 1990, le musée a été entièrement rénové. Les objets sont remarquablement bien présentés (dommage toutefois que les écrans explicatifs soient un peu hauts pour les personnes assises) et les visites guidées et démonstrations thématiques (et gratuites) proposées au fil du parcours sont très stimulantes. On peut même jouer à l'architecte et au petit ingénieur sur des fac-similés !
Pas grand-chose à dire en ce qui concerne l'accessibilité, tant ce point ne semble pas ici faire question ; exception faite toutefois des escaliers permettant d'approcher les avions suspendus à la voûte de la chapelle…

Musée Carnavalet

16, rue des Francs-Bourgeois et 23 et 29, rue de Sévigné, 3e
Tél. 01 44 59 58 58 et 01 44 59 58 31 (service d'action culturelle)
www.paris.fr/musees/Musee_Carnavalet
Bus : 96 – Ouvert du mardi au dimanche (sauf jours fériés) de 10h à 18h
♿ WC+ *(dans la salle archéologie – hôtel Le Peletier de Saint-Fargeau)*

Le musée d'**histoire de Paris** est installé dans deux hôtels particuliers à deux pas de la place des Vosges. Ses collections (principalement des toiles, mais aussi des meubles, sculptures, maquettes) racontent Paris, son évolution topographique et architecturale, ses grands chantiers, ses révolutions, de la préhistoire à nos jours. La richesse des collections et la qualité des expositions temporaires font oublier les efforts à fournir pour les atteindre. L'accessibilité du musée est en effet compliquée et incomplète : pour l'hôtel Carnavalet, il y a deux entrées. Au 23, rue de

Sévigné : traverser une petite cour pavée, franchir une marche vers les vestiaires, puis quatre autres pour accéder aux salles des expositions temporaires, à celles consacrées au XVIe siècle et à une partie du règne de Louis XVI, et à la salle des enseignes. Le 1er étage, consacré au XVIIe, à Louis XV et Louis XVI, n'est pas accessible. On atteint les mêmes salles par le 16, rue des Francs-Bourgeois : traverser une cour de graviers, franchir trois marches, puis une autre. À vous de voir quelle solution vous convient le mieux. Le personnel du musée vous proposera son aide dans les deux cas.

Pour l'hôtel Le Peletier de Saint-Fargeau, l'entrée est 29, rue de Sévigné : il faut faire signe au 23 pour que quelqu'un vienne ouvrir la porte cochère et vous accompagne jusqu'aux salles *via* une cour pavée puis une rampe très raide : vous voici arrivé aux salles archéologie et Empire (rez-de-chaussée), puis Révolution (au 2e étage). L'ascenseur ne dessert pas le 1er étage, consacré à l'autre XIXe et au XXe siècle.

Musée national Picasso

Hôtel Salé, 5, rue de Thorigny, 3e – Tél. 01 42 71 25 21
Bus : 96 – Ouvert tous les jours sauf le mardi de 9h30 à 18h (17h30 entre le 1er octobre et le 31 mars) – Gratuit pour les personnes handicapées
Prêt de fauteuils roulants – (cour pavée) **WC+**

Depuis 1985, l'hôtel Salé sert magnifiquement de cadre à l'œuvre de Picasso. De la période classique à Picasso sculpteur en passant par le cubisme, on saisit non seulement **l'évolution de la carrière du maître**, mais aussi sa quête artistique, sans cesse renouvelée et réinterrogée, sujette aux aléas de l'histoire (notamment la seconde guerre mondiale) comme de sa vie personnelle. Des œuvres de sa collection privée (amis comme Braque et Matisse, maîtres comme Cézanne ou Degas...) sont également exposées. Le mobilier (lustres, banquettes, chaises, tables) a été spécialement dessiné pour le musée par Giacometti. La visite débute au 1er étage, puis descend peu à peu vers le sous-sol pour se terminer par le formidable "jardin des sculptures", installé sous une verrière à l'emplacement des anciennes écuries. Le jardin extérieur n'est pas accessible en fauteuil roulant. Un ascenseur dessert le 1er étage ; des rampes douces permettent d'atteindre le sous-sol : il faut slalomer entre les nombreux étudiants en arts plastiques installés là pour dessiner, et la remontée est sportive !

Centre national d'art et de culture Georges-Pompidou

Place Georges-Pompidou, 4e – Tél. : 01 44 78 12 33 (standard)
www.centrepompidou.fr et www.cnac-gp.fr/handicap
Cellule accessibilité : Évelyne Ménard – Tél. 01 44 78 49 54
handicap@cnac-gp.fr
Bus : 21, 38, 96 ; M° Châtelet (ligne 14) ; RER Châtelet-Les Halles (lignes A, B, D) – Entrée principale par la Piazza (attention, la descente est pavée et assez raide) ; une entrée pour les personnes handicapées (qui est aussi celle du personnel) se situe à l'angle de la rue du Renard et de la rue Saint-Merri : longer le centre par la droite et suivre les pictogrammes – Ouvert tous les jours sauf mardi et 1er mai de 11h à 22h (23h le jeudi) – Prêt de fauteuils roulants – ♿ **WC+**
L'entrée est prioritaire et gratuite pour les personnes handicapées et leur accompagnateur. Toutes les animations dans les espaces du Centre sont accessibles. Les conférences liées aux expositions temporaires (jeudi 19h) sont gratuites pour les personnes handicapées, qui bénéficient par ailleurs du tarif réduit pour les spectacles, les concerts et les séances de cinéma.

L'aspect exubérant du bâtiment, qui a pu choquer à son ouverture en 1972, est aujourd'hui complètement intégré à l'imagerie parisienne. Plus qu'un centre d'art contemporain, Beaubourg est **un lieu-repère avec sa vie et son atmosphère propres**.

Le Centre a été complètement rénové pour son vingtième anniversaire ; il est totalement accessible en fauteuil.

Le musée national d'Art moderne possède une collection exceptionnelle d'œuvres (peintures, sculptures, mobiles…) du XXe siècle. Des visites thématiques permettent d'en appréhender la diversité. Le 6e étage accueille des expositions temporaires qui attirent les visiteurs du monde entier. La muséographie et la scénographie sont toujours très créatives, et les conférences passionnantes.

Mais Beaubourg, c'est aussi la Bibliothèque publique d'information (voir "Lecture pour tous", p. 66), un auditorium et un cinéma, une librairie d'art contemporain, l'Atelier Brancusi, l'Ircam (Institut de recherche et de création acoustique/musique, www.ircam.fr), sans oublier la fontaine Stravinsky, à la droite du parvis.

Au dernier étage, Chez Georges (**WC**) est du dernier chic parisien ; à défaut d'y prendre un repas (50 € à la carte), la vue exceptionnelle sur Paris vaut à elle seule qu'on y monte.

Maison européenne de la photographie

5-7, rue de Fourcy, 4e – Tél. 01 44 78 75 00 – www.mep-fr.org
Bus : 96 – Ouvert du mercredi au dimanche (sauf jours fériés) de 11h à 20h Gratuit pour les personnes handicapées – Prêt de fauteuils roulants (réservation possible) – ♿ **WC**

La Maison européenne de la photographie, ouverte en février 1996 mais dont le fonds s'est constitué dès le début des années 1980, s'est rapidement imposée comme un **haut lieu de la création photographique contemporaine.** Elle bénéficie d'un cadre idéal, l'hôtel Hénault de Cantobre, remarquablement réhabilité et agrandi (et parfaitement accessible).

Grâce à la richesse de ses collections, la MEP a affirmé dès sa première exposition-manifeste, "Une aventure contemporaine, la photographie 1955-1995", sa volonté d'explorer des voies nouvelles, au-delà des valeurs reconnues et des œuvres consacrées : elle alterne, à raison d'une dizaine par an, les expositions de séries-clés de l'histoire récente de la photographie ("Des Européens" de Cartier-Bresson, "Les Américains" de Robert Frank, "New York 1954-1955" de William Klein...), les rétrospectives (Irving Penn, Raymond Depardon, Marie-Laure de Decker...), les collaborations avec les artistes ("Paris + Klein", François-Marie Banier...), les expositions de jeunes artistes. À noter également : une bibliothèque d'excellente tenue, une vidéothèque, un auditorium et... un café, tous accessibles.

Institut du Monde arabe

1, rue des Fossés-Saint-Bernard, place Mohamed-V, 5e
Tél. 01 40 51 38 38 – www.imarabe.org
Bus : 24, 63 – Ouvert du mardi au dimanche de 10h à 18h (sauf le 1er mai) ; bibliothèque du mardi au samedi de 13h à 20h
Gratuit pour les personnes handicapées – Prêt de fauteuils roulants – ♿ **WC+**

Expos, cinéma, librairie, bibliothèque, centre de langue, tout est consacré au monde arabe ici, même la cafétéria ! Jusqu'aux moucharabiehs du bâtiment conçu par Jean Nouvel, s'ouvrant et se fermant au gré de l'ensoleillement, qui rappellent les techniques architecturales méditerranéennes. La vocation de l'Institut, géré par un partenariat entre la France et 22 pays arabes, est de faire **connaître la culture arabe** et de favoriser les échanges culturels : ainsi, outre le musée permanent (qui présente des œuvres d'art islamo-musulman comme des mosaïques, des tapis, des corans enluminés...), des expositions, colloques, rencontres (jeudis de l'IMA, soirées-débat autour d'un invité), festivals (de cinéma et de musique à l'auditorium) sont organisés tout au long de l'année. Cette plongée orientale s'achève magistralement sur la terrasse du 9e étage (restaurant Zyriab : tagine 26 €, menu 34 € et café Moucharabieh : plat 7 €, ouvert de 12h à 15h), d'où la vue sur Notre-Dame et l'île Saint-Louis nous ramène soudainement en Occident.

Muséum national d'histoire naturelle ♥
Grande galerie de l'évolution

36, rue Geoffroy-Saint-Hilaire, 5e – Tél. 01 40 79 54 79 – www.mnhn.fr
Contact handicap : Catherine Coulon, tél. 01 40 79 54 18, coulon@mnhn.fr
Bus : 24, 91 – Accès possible par le Jardin des plantes – Ouvert tous les jours sauf mardi, de 10h à 18h (jeudi 22h) – Entrée gratuite et prioritaire
Visite guidée, 5 € – Prêt de fauteuils roulants – ♿ **WC+**

Dès 1630, les premières collections de zoologie sont rassemblées dans le Cabinet d'histoire naturelle qui borde le Jardin royal (transformé en Jardin des plantes par la Convention en 1793). La Grande galerie, entièrement rénovée à partir de 1994 par l'architecte Paul Chemetov, présente l'évolution des espèces, thème fédérateur des différentes **sciences de la nature et de l'homme**. La visite se déroule en trois temps : la diversité du vivant, l'évolution de la vie, le rôle de l'homme dans cette évolution. On croise, tout au long d'une ascension spectaculaire, les animaux grandeur nature qui peuplent (ou ont peuplé) la planète, pour atteindre au 4e étage l'homme du XXIe siècle, rétabli à sa juste place parmi les autres êtres vivants.
Le parcours est parfaitement accessible. Adultes et enfants handicapés peuvent participer aux visites thématiques et ateliers pédagogiques. Catherine Coulon, chargée du public handicapé, organisera avec plaisir et compétence votre visite.

Musée du Luxembourg

19, rue de Vaugirard, 6e – Tél. 01 45 44 12 90 – www.museeduluxembourg.fr
Ouvert tous les jours de 11h à 22h30 (mardi mercredi jeudi 19h)
Tarif réduit pour les personnes handicapées : 4 € – Prêt de fauteuils roulants (réservation possible) – ♿ *ascenseur* **WC+**

Le musée du Luxembourg, installé dans un pavillon qui se trouve à l'intérieur du jardin du Luxembourg, n'a pas de collections en propre. Il héberge des expositions temporaires de grande qualité, important des œuvres des plus grands musées du monde : Modigliani, Gauguin, Botticelli ont ainsi bénéficié de **rétrospectives remarquables**. Des travaux récents l'ont rendu complètement accessible aux personnes handicapées : un ascenseur en libre-service permet de se rendre dans les salles. N'oubliez pas de passer par la caisse; les personnes handicapées bénéficient du tarif réduit et ne font pas la queue, ni à l'extérieur ni à l'intérieur. Un café (accessible par une rampe) permet de se restaurer agréablement après (ou avant) la visite.

Musée d'Orsay

62, rue de Lille, 7e – Tél. 01 40 49 48 14 – www.musee-orsay.fr
Annie Collet et Christine Dumas, chargées de l'accueil du public handicapé (individuels) : tél./fax 01 40 49 47 14; annie.collet@musee-orsay.fr, christine.dumas@musee-orsay.fr – Laurence Imbert, chargée des visites pour le public handicapé et adulte (groupes) : tél. 01 40 49 48 73; laurence.imbert@musee-orsay.fr
Bus : 24, 63, 94 – Entrée visiteurs individuels : quai Anatole-France
Ouvert tous les jours sauf lundi, de 10h à 18h, nocturne jeudi (21h45), dimanche de 9h à 18h – Gratuit pour les personnes handicapées avec un accompagnateur – Prêt de fauteuils roulants – ♿ **WC+**
Des visites avec conférencier sont proposées pour huit personnes maximum en fauteuil roulant. Visites le lundi (jour de fermeture) pour des groupes constitués.

Installé dans l'ancienne gare d'Orsay, le musée a su tirer parti de ces immenses volumes qui semblaient peu à même d'accueillir des œuvres d'art. Pari réussi, les collections sont très bien mises en valeur, notamment grâce à une savante utilisation de la lumière (naturelle et artificielle). En plus, pour les personnes assises, il est particulièrement agréable que les œuvres soient à la bonne hauteur et sans reflet gênant la visibilité. Les collections sont représentatives de tous les arts (peinture et sculpture, mais aussi arts décoratifs, architecture, urbanisme, affiches…) de la deuxième moitié du XIXe siècle aux premières années du XXe. Une diversité thématique qui permet de rendre compte du **foisonnement artistique** de cette époque : le passage de l'impressionnisme à l'expressionnisme, les prémisses du cubisme, pour ne parler que de l'art pictural.

Musée Rodin

77, rue de Varenne, 7e – Tél. : 01 44 18 61 10 – www.musee-rodin.fr
Bus : 92 – Ouvert du mardi au dimanche de 9h30 à 16h45 (hiver) ou 17h45 (été) Le parc ferme à 17h en hiver et 18h45 en été
Prêt de fauteuils roulants – **WC+**
Il est possible de se faire déposer en voiture devant l'entrée du bâtiment (et d'éviter la cour pavée), mais on ne peut pas stationner.

Installées dans le romantique hôtel Biron au pied des Invalides, les collections du musée Rodin sont présentées dans le bâtiment (seul le rez-de-chaussée est accessible) et dans le jardin de trois hectares qui l'entoure. Y sont exposées des fontes de Rodin, des pièces de sa collection personnelle (dont de très belles antiquités) et quelques études émouvantes de son élève et amante Camille Claudel. Les œuvres monumentales du maître (*Le Penseur, Balzac, Les Bourgeois de Calais*...) sont dispersées dans les allées de tilleuls du jardin ; s'y promener au hasard des sculptures est **une expérience des plus poétiques**. Il vaut mieux contourner le bâtiment par la gauche quand on lui fait face, car cela permet d'éviter un passage gravillonné. Les toilettes se trouvent au fond du jardin (avant 11h, la clé est disponible au vestiaire du musée ; après, les demander à la cafétéria). La cafétéria, elle aussi dans le fond du jardin, permet de passer de très agréables moments quand les beaux jours arrivent.

Galeries nationales du Grand Palais ♥

3, avenue du Général-Eisenhower, 8e – Tél. 01 44 13 17 30
www.rmn.fr/galeriesnationalesdugrandpalais
Contact relations extérieures et handicap : Mme Guichard et Mme Testone
Bus : 80 – Accès handicapés : porte B – Ouvert tous les jours sauf le mardi de 10h à 20h (22h le mercredi) – Possibilité de visite le mardi en réservant par téléphone auprès des relations extérieures – Gratuit pour la personne handicapée et son accompagnateur – Prêt de fauteuils roulants – **WC**

Construit à l'occasion de l'Exposition universelle de 1900, le Grand Palais fait partie intégrante de la perspective qui relie le palais de l'Élysée à l'hôtel des Invalides *via* le pont Alexandre III. La grande nef à l'architecture métallique témoigne admirablement de la tendance Art nouveau de l'époque. Depuis 1971, les galeries accueillent des **expositions temporaires de renommée internationale**, parfois plusieurs simultanément. Le public handicapé bénéficie d'un privilège inestimable, celui de visiter les galeries le mardi, jour de fermeture pour le grand public. Après avoir pris rendez-vous par téléphone, présentez-vous au jour et à l'heure dite à l'accueil de la porte B. Vous pouvez vous garer au sous-sol, des places sont réservées. Une personne vous mènera jusqu'à la première salle de l'exposition, que vous visiterez alors dans des conditions absolument exceptionnelles.

Musée national des Arts asiatiques – Guimet ♥

6, place d'Iéna, 16e – Tél. 01 56 52 53 00 – www.museeguimet.fr
Ouvert tous les jours sauf mardi de 10h à 18h – Bus : 63
Prêt de fauteuils roulants – ♿ WC+
Si le monte-charge ne fonctionne pas, un employé du musée vous ouvrira une porte qui permet d'entrer directement de plain-pied.

Construit par l'industriel Émile Guimet pour abriter ses collections personnelles en 1889, le musée s'est constamment enrichi depuis : aujourd'hui, c'est l'**une des plus riches collections d'art asiatique du monde**. On y admire des œuvres de chaque civilisation extrême orientale : Chine, Japon, Inde, Tibet, Afghanistan, Pakistan, Corée… Il a été réinauguré en 2001 après plusieurs années de fermeture : et heureusement pour nous, il est désormais aux normes d'accessibilité ! La muséographie a elle aussi été retravaillée : fini l'encombrement et la poussière, place est faite à la lumière du jour et à l'espace. Très pédagogique, l'agencement des salles permet de comprendre les relations entre les différentes traditions artistiques de l'Asie, avec comme fil conducteur le bouddhisme. Vous pouvez profiter gratuitement de l'audioguide ; pour les passionnés, des visites guidées générales et thématiques ont lieu chaque jour, et des ateliers (calligraphie, dessin, art du nœud…) sont proposés régulièrement (voir le site Internet pour les renseignements pratiques).
Le musée organise des visites découverte, avec ou sans conférencier, le mardi, jour de fermeture, pour les groupes constitués de visiteurs à mobilité réduite (à partir de 15 personnes).

Palais de Tokyo – Site de création contemporaine

13, avenue du Président-Wilson, 16e – Tél. 01 47 23 54 01 et 01 47 23 38 86
www.palaisdetokyo.com – contact@palaisdetokyo.com
Bus : 63 – Ouvert tous les jours sauf le lundi de midi à minuit
Gratuit pour la personne handicapée et son accompagnateur
Prêt de fauteuils roulants – ♿ WC

Le palais de Tokyo est entièrement voué à la **création contemporaine** : cette vocation, il l'assume jusque dans son organisation, puisque son architecture met en scène la question du rapport entre l'œuvre et le spectateur. Pas de barrière ni de vitrine par conséquent, pas de parcours fléché, mais des halls démesurés en béton brut où sont exposées les installations des artistes. Les visiteurs déambulent au milieu des œuvres et contribuent même parfois à leur évolution en déplaçant les objets. Pas de limite claire entre votre regard et la situation des œuvres ; mais pas de limites non plus entre la visite et la détente, puisque ni la cafétéria ni le restaurant ne sont vraiment séparés du musée. La même atmosphère insolite – qui à elle seule justifie le détour – règne ainsi sur la visite et le café.

Cité des sciences et de l'industrie

30, avenue Corentin-Cariou, 19e – www.cite-sciences.fr
Contact visiteurs à mobilité réduite : Jean-Paul Ferragu,
tél. 01 40 05 70 86, jp.ferragu@cite-sciences.fr
Bus : PC – Ouvert du mardi au dimanche de 10h à 18h (19h le dimanche)
Tarif réduit pour les personnes handicapées
Prêt de fauteuils roulants – ♿ **WC+**

La Cité des sciences et de l'industrie est un vaste ensemble composé d'un lieu d'expositions (permanentes et temporaires) et de salles de spectacles. Le musée présente, de manière ludique et interactive, un état des lieux complet des **sciences et techniques d'aujourd'hui** : communication, environnement, santé, astronomie, informatique, etc. La muséographie est inventive et permet de s'instruire en s'amusant. L'accessibilité a été pensée dès la conception du bâtiment : tous les espaces d'exposition sont donc facilement accessibles en fauteuil roulant. La Cité, c'est aussi des spectacles et des conférences, qui se déroulent dans divers espaces, tous accessibles. La Géode (www.lageode.fr) permet de voir des films sur un écran hémisphérique de 1 000 m^2 ! Cinq emplacements sont réservés aux fauteuils roulants (il est également possible de se transférer sur un siège de la salle). Le Cinaxe, salle de cinéma qui bouge, est construite sur des vérins hydrauliques (déconseillé aux personnes épileptiques ou cardiaques). Le transfert dans un siège est obligatoire, mais le personnel aide volontiers. Le Planétarium propose plusieurs spectacles pour plonger au cœur de l'Univers. Un espace face à l'entrée permet d'assister à la projection en restant dans son fauteuil. Citons encore deux cinémas : le Louis-Lumière équipé pour la projection de films en relief à voir avec des lunettes à filtre polarisant et le Jean-Painlevé, auquel on accède par en haut. Seul *L'Argonaute* ne peut être visité en fauteuil.

Musée de la Musique

Voir Cité de la Musique, p. 46

4

Lecture pour tous

Sur les 65 bibliothèques municipales de Paris, 39 sont accessibles en fauteuil roulant (on trouve la liste dans chaque bibliothèque), et grâce au catalogue informatisé en réseau c'est un jeu d'enfant de savoir où se trouve ce que l'on cherche, si c'est disponible, etc. Vous pouvez aussi faire acheminer vers la bibliothèque de votre choix les ouvrages de la réserve centrale. Bref, avec **plus de trois millions de documents** (imprimés mais aussi audiovisuels), tout est mis en œuvre pour satisfaire votre appétit de lecture ! De plus, quelques-unes des grandes bibliothèques universitaires parisiennes sont accessibles ; elles ne pratiquent pas le prêt à domicile mais leurs sites Internet permettent de réserver des ouvrages, qui vous attendront à votre arrivée ; un nombre de plus en plus important d'ouvrages sont même consultables en ligne sur le site de la BNF.

Bibliothèque publique d'information

Centre Georges-Pompidou, 4e – Tél. 01 44 78 12 33 – www.bpi.fr
Bus : 21, 38, 96 ; M° Châtelet (ligne 14) ; RER Châtelet-Les Halles (lignes A, B, D) – Tous les jours sauf le mardi de 11h (12h le week-end) à 22h – Entrée gratuite – ♿ WC+

Associée au Centre Pompidou, la Bibliothèque publique d'information est multimédia et encyclopédique. Les **400 000 ouvrages imprimés** sont en libre accès dans les rayonnages. Des espaces sont consacrés aux périodiques, à la presse internationale (pas moins de 250 titres), aux documents audiovisuels (consultables grâce aux postes de télévision eux aussi en libre-service) ; la bibliothèque est aussi un lieu d'autoformation aux langues, et on peut visionner des chaînes de télévision du monde entier. Des postes connectés à Internet sont également à la disposition du public.

Bibliothèque Sainte-Geneviève

10, place du Panthéon, 5e – Tél. 01 44 41 97 97 – www-bsg.univ-paris1.fr
Bus : 21, 27, 38, 63 – Du lundi au samedi de 10h à 22h
Entrée gratuite pour toute personne âgée de plus de 18 ans ou titulaire du baccalauréat – ♿ ~~WC~~

Incontournable pour tous les étudiants parisiens, Sainte-Geneviève conserve **2 millions de documents** (dont une petite partie en libre-service) dans tous les domaines. C'est aussi une très belle salle de travail, calme et confortable, à deux pas de la Sorbonne, ce qui explique son succès. La porte principale a un seuil de trois marches. En prévenant par téléphone environ une demi-heure avant votre arrivée, une personne vous ouvrira une porte dérobée de plain-pied (rue Valette) et vous accompagnera jusqu'à la salle de lecture. Il n'y a pas de toilettes pour les personnes handicapées.

Bibliothèque nationale de France – Site François-Mitterrand

Quai François-Mauriac, 13e – www.bnf.fr
Chargée de l'accueil des personnes handicapées : Edwige Le Brettevillois-Popovitch, tél. 01 53 79 59 31, accueil.handicap@bnf.fr
Bus : 62; M° et RER Bibliothèque-François-Mitterrand (respectivement ligne 14 et ligne C) – Tous les jours (sauf jours fériés et dimanche pour les salles de lecture de la bibliothèque de recherche, et sauf le lundi pour les salles de lecture de la bibliothèque d'étude) de 9h (12h le dimanche) à 20h
Salles de lecture et bibliothèque de recherche : tarif normal, gratuit pour l'accompagnateur; expositions : gratuit sur présentation de la carte Cotorep et tarif réduit pour l'accompagnateur – ♿ **WC+**

The bibliothèque! Bien qu'elle soit conforme aux normes d'accessibilité les plus récentes, la bibliothèque François-Mitterrand n'a pas un accès des plus simples. Elle est construite sur un parvis surélevé par rapport à la rue, et donc entourée de marches. Les piétons handicapés évitent cet obstacle en entrant à l'angle de la rue Aron et de l'avenue de France, ou à l'angle de la rue Durkheim et de l'avenue de France (attention : pente forte équivalente à dix marches). Le parking du personnel (quai François-Mauriac) est ouvert aux handicapés, sur présentation de la carte Cotorep. En téléphonant à l'avance, une personne peut vous accueillir dans le parking et vous guider jusqu'aux salles de lecture. Par ailleurs, en prenant rendez-vous, un membre du personnel peut vous accompagner des abords extérieurs de la bibliothèque (ils peuvent même venir vous chercher sur le quai du métro) vers les salles de lecture et d'exposition. En bref : la première fois c'est un peu compliqué, mais on prend vite ses habitudes et ensuite tout se passe bien !

5

Banc de touche et chaise d'arbitre

Paris, capitale des sportifs ? Même si l'offre n'est pas aussi variée pour les handicapés que pour les valides, il est possible de pratiquer de nombreuses activités, en salle ou en plein air, en groupe ou en individuel. À Paris intra-muros, des clubs handisport organisent des entraînements en athlétisme, basket, escrime, foot fauteuil, haltérophilie, natation, ping-pong, tir à l'arc. Pour la voile et la plongée, il faut franchir le périphérique. Par ailleurs, certaines activités comme le tennis et le kayak ne sont pas gérées par un club handisport mais peuvent être pratiquées dans les équipements municipaux.
Tous les sports énumérés ci-dessous sont accessibles à une personne en fauteuil roulant. Nous avons distingué fauteuil manuel et fauteuil électrique, et spécifié ceux qui nécessitent un équipement particulier. Attention, chaque personne étant unique, chaque handicap l'est aussi : il faut toujours demander l'avis d'un médecin ou d'un kiné avant de se lancer à corps perdu dans un entraînement.

Quel sport choisir ?

Pour les coordonnées des associations, voir "Les associations (handisport et autres)", p. 73.

Athlétisme – Il s'agit en fait de course, de vitesse et de fond. Cette discipline ne se pratique qu'avec un fauteuil manuel, parfois avec un fauteuil spécifique (cadre rigide, 3 roues) pour les plus assidus. Pour tout savoir : www.athletisme-handisport.org
Associations : Association athlétisme handisport de Paris, Cap SAAA

Basket-ball – Fauteuil manuel seulement. Pour la pratique en loisir, n'importe quel type de fauteuil convient ; pour les compétitions, un fauteuil spécifique (cadre rigide à 3, 4 ou 5 roues) est nécessaire. Pour tout savoir : www.ffh-basket-handisport.com
Association : Cap SAAA

Escrime – Se pratique en loisir et en compétition (c'est d'ailleurs l'un des sports les plus développés). Pas de fauteuil spécifique nécessaire, mais un système d'attaches qui permet au fauteuil d'être stable. Ce sport aide à développer les sens de l'équilibre et de l'observation, ainsi que l'esprit d'analyse.
Associations : CSINI, Entente sportive Handi-Paris

Foot fauteuil – Seul sport collectif de compétition s'adressant aux grands handicapés. N'importe quel type de fauteuil électrique convient, même si les fauteuils électriques de sport sont de plus en plus fréquents. Ne se pratique pas en fauteuil manuel. Les matchs ont lieu sur des terrains de basket. Pour tout savoir : www.foot-fauteuil.com
Associations : CSINI, Nanterre Handisport

Haltérophilie – Se pratique sur un matériel adapté.
Association : CSINI

Handbike – Vélo à 3 roues, avec une assise assez proche du sol (transfert parfois délicat notamment pour ressortir du vélo !), et un médalier (pédalier à main) pour la propulsion. Il nécessite pas mal de force dans les bras. Assez cher à l'achat, mais certaines associations (Trace+) en ont et des magasins (Intégral, voir notice p. 105) en louent.
Pour tout savoir : www.cyclisme-handisport.org
Associations : Cap SAAA, Trace+

Kart – Il existe des karts à commandes manuelles. Une chose cependant n'est pas adaptable : la hauteur de la machine, qui reste résolument près du sol et rend les transferts difficiles !
Association : S-Kart

Kayak – Il existe deux sortes de kayak : le kayak de rivière (dans lequel on s'insère complètement, les jambes étant protégées par une jupe), et le kayak de mer (moins profond, il suppose d'avoir un minimum d'équilibre pour pouvoir pagayer). Un petit coup de main est toujours le bienvenu pour s'installer confortablement. Pour les kayaks de mer, il est parfois nécessaire de bricoler un dossier pour gagner en équilibre.
Bases nautiques de La Villette et de Choisy-le-Roi (attention, ce ne sont pas des clubs handisport)

Natation – Accessible au plus grand nombre, même aux plus lourdement atteints. Chacun retrouve dans l'eau l'autonomie la plus large, quels que soient ses moyens physiques.
Associations : CSINI, Amicale sportive des mutilés de France, Cap SAAA, Entente sportive Handi-Paris, APF, Antony sports handi-club et piscines municipales (voir Comme un poisson dans l'eau p. 78).

Plongée – Les personnes handicapées peuvent être autonomes dans l'eau, mais ont besoin d'aide pour s'équiper et pour les transferts. Les stages vont du baptême en piscine à la plongée dans les mers tropicales.

Pour tout savoir : http://handiplongee.free.fr
Association : Antony sports handi-club

Randonnée – Et pourquoi ne pas faire une grande balade à travers Paris, en toute sécurité ?
Association : Mobile en Ville

Sarbacane – Conseillé pour les grands infirmes moteurs cérébraux et les myopathes. Se pratique en loisir et en compétition.
Association : APF

Tennis – Se joue sur toute surface (résine, béton poreux, terre battue, synthétique...) avec n'importe quel type de fauteuil. On peut néanmoins aussi utiliser un fauteuil avec cadre rigide et 3 roues, plus léger et maniable.
Pour tout savoir : http://handitennis.chez.tiscali.fr
Pas de club handitennis à Paris; en revanche, vous pouvez jouer sur n'importe quel court municipal (voir encadré p. 78).

Tennis de table – Se pratique en simple ou en double, en compétition ou en loisir, entre personnes handicapées ou en mixte valide/handicapé. Pas de fauteuil particulier, et les personnes mêmes lourdement handicapées peuvent s'amuser en ping-pong et accéder à un excellent classement chez les joueurs valides.
Pour tout savoir : www.tthandisport.com
Association : CSINI

Tir à l'arc – L'un des rares sports qui permettent de se mesurer, à chances égales, aux valides. Il exige adresse, précision, contrôle de soi. Favorise la musculation du haut du corps et l'équilibre. Pas d'équipement particulier.
Associations : CSINI, Amicale sportive des mutilés de France

Tir aux armes – Pas de fauteuil spécifique. Bien adapté aux handicaps lourds. Sport d'endurance, de précision, qui requiert concentration, réflexes, équilibre nerveux et la nécessaire discipline exigée par l'usage des armes à feu.
Association : CSINI

Voile – Les dériveurs Miniji sont conçus de telle sorte qu'une personne assise peut les manœuvrer : pas besoin de se déplacer sur le pont, toutes les commandes sont accessibles depuis la barre. Le Miniji est

donc idéal pour la navigation en toute autonomie pour les personnes handicapées.
Les bases nautiques de La Villette et de Choisy-le-Roi accueillent volontiers les personnes handicapées.

Yoga – Cette technique de contrôle du souffle, du corps et du mental comporte des exercices de respiration et de concentration.
Association : CSINI, APF

Les associations (handisport et autres)

Fédération française handisport

www.handisport.org
La fédération handisport, dont émanent des comités régionaux et un certain nombre de comités départementaux, **coordonne la pratique sportive des personnes handicapées** et œuvre à son développement. C'est également elle qui forme les professeurs spécialisés dans le handisport.

Comité régional Ile-de-France handisport

44, rue Louis-Lumière, 20e – Tél. 01 40 31 45 07
www.handisport-iledefrance.org – crifhandisport@club-internet.fr
Président : Jean-Paul Moreau
Le Comité régional édite une petite brochure qui énumère **toutes les activités physiques et sportives en Île-de-France**. Malheureusement, ne sont pas distingués les clubs qui acceptent des personnes en individuel de ceux qui accueillent uniquement les patients d'un centre de rééducation ou d'un groupe scolaire, par exemple. Il est donc difficile de se repérer, et l'on est souvent déçu de constater que tel club est réservé à une pratique en compétition, aux enfants, aux groupes, ou encore aux handicapés mentaux... À cela il faut ajouter que la brochure date de 2000 et que beaucoup de choses ont changé depuis.

Comité départemental handisport de Paris

44, rue Louis-Lumière, 20e – Tél. 01 41 20 48 67
http://perso.club-internet.fr/crif/75parisasso.html
Président : Alain Siclis – alain.siclis@elyo.fr

Association athlétisme handisport de Paris

39A, rue de la Grange-aux-Belles, 10e
Président : Hubert Locco Rocca – Tél. 06 03 73 20 70 – aahp@voila.fr
Sport pratiqué : athlétisme **(principalement course, du 100 mètres au marathon)**.
Les entraînements ont lieu au stade Charléty : 17, avenue Pierre-de-Coubertin, 13e – Tél. 01 44 16 60 70 – www.charlety.fr – Bus 21, 67, 88 et PC ; RER Cité-Universitaire (ligne B). Parking, ♿ ascenseur **WC+**

Amicale sportive des mutilés de France

Correspondante : Véronica Gil, 24-28 quai de la Loire, 19e
Tél. 01 42 06 73 51
Sports pratiqués : **natation, tir à l'arc en compétition et en loisir.**
La natation a lieu à la piscine Bertrand-Dauvin (12, rue René-Binet, 18e) ou au bassin-école de la Ville de Paris (30, rue Louis-Lumière, 20e), le tir au gymnase Mathis (11-15, rue Mathis, 19e).

Antony sports handi club

Hôtel de ville, 92160 Antony – Tél. 01 60 86 57 37
Responsable plongée : Thierry Martin – Tél. 01 69 30 04 64
Sports pratiqués : **natation, plongée sous-marine.**
Le professeur, kinésithérapeute, propose de faire découvrir à tous les joies de la plongée sous-marine, pour individuel en pratique loisir. Des stages en mer Rouge sont organisés tous les deux ans. Les entraînements ont lieu à la piscine Lionel-Terray (164 bis, avenue du Président-John-Fitzgerald-Kennedy, Antony). L'encadrement est extrêmement compétent. Pour ceux qui ne sont pas à l'aise dans l'eau ou qui veulent simplement perfectionner leur technique de nage, des cours de natation sont également proposés.

Base nautique de La Villette

15-17, quai de la Loire, 19e – Tél. 01 42 40 29 90 – ♿ ~~WC~~

Base nautique de Choisy-le-Roi

Parc interdépartemental de Choisy-le-Roi (94)
Thierry Mokrab : chef des animateurs – Tél. 01 42 76 32 22 – ♿ **WC**
La Ville de Paris gère deux bases nautiques : le bassin de Choisy-le-Roi fait 1 500 mètres de long sur 200 de large ; celui de La Villette est plus petit (600 sur 65 mètres) mais a l'avantage d'être dans Paris. Elles sont toutes les deux accessibles en fauteuil roulant ; les seules conditions à

remplir sont d'être parisien, de présenter un brevet de natation (qui s'obtient dans n'importe quelle piscine) et deux photos d'identité. Des **initiations gratuites au canoë-kayak et à la voile** sont proposées le samedi et le dimanche matin; les animateurs sont là pour vous accueillir et vous aider.

Cap Sport Art Aventure Amitié

37, rue Duranton, 15e – www.capsaaa.com
Ryadh Sallem (directeur) – Tél. 06 10 27 93 61
Alexandre Duthoit (président) – Tél. 06 84 33 63 66
Jeanine Génin (responsable handbike) – Tél. 06 75 58 07 01
Sports pratiqués : **athlétisme, basket, handbike, natation.**
Cap SAAA, c'est plus qu'un club handisport : les jeunes handicapés (et leurs amis valides) qui ont fondé l'association en 1995 étaient réunis par la même volonté : mettre fin à l'auto-exclusion trop fréquente dans le monde du handicap et redonner confiance et dignité aux personnes handicapées. Un credo : la sensibilisation et donc l'insertion découlent de la prise de conscience et de l'acceptation de nos différences. Cela passe d'abord par le sport : basket (dont la seule équipe féminine de Paris), athlétisme, natation, handbike; mais aussi par le soutien à des artistes handicapés ou qui travaillent sur le handicap. Par ailleurs, des actions sont organisées dans les entreprises ou les écoles (semaines de sensibilisation), et à l'étranger (l'association a une antenne au Liban et une autre en République du Congo).
Le basket se déroule au gymnase Émile-Anthoine (9, rue Jean-Rey, 15e) : équipes masculines, féminines et mixtes, et équipes valides/handicapés. Les nageurs s'entraînent à la piscine du même nom (et à la même adresse). Les entraînements au handbike ont en général lieu au bois de Vincennes.

CSINI – Club sportif de l'Institution nationale des Invalides

6, boulevard des Invalides, 7e – Tél. 01 45 55 13 90
Fax 01 45 56 95 52 – http://csini.free.fr
Correspondante : Dominique Papadacci
♿ *vestiaire, douche, prêt de fauteuils roulants* **WC+**
Sports pratiqués : **escrime, tir à l'arc et aux armes, foot fauteuil, haltérophilie, natation, tennis de table, ski alpin, yoga.**
Le Club des Invalides, au départ créé pour accueillir les mutilés de guerre, est ouvert depuis 1968 aux civils, sans discrimination! Il est encore supervisé par des colonels et autres adjudants, mais qui laissent la discipline militaire à la porte en arrivant. Les entraînements se déroulent dans une ambiance très détendue et bon enfant. Toutes les activités

(sauf la natation) ont lieu au gymnase des Invalides : 4 postes de tir à air comprimé permettent de s'entraîner au tir aux armes, 6 tables accueillent les pongistes, du matériel adapté permet de s'exercer au développé-couché. Quant à l'escrime, le CSINI détient à lui seul la majorité des titres paralympiques, ce qui donne une idée de la qualité de l'enseignement ! Des fauteuils sont disponibles sur place pour ceux qui se déplacent sans le leur. La natation a lieu à la piscine Émile-Anthoine (9, rue Jean-Rey, 15e). Les entraînements s'adressent aux amateurs en loisir ou en compétition.
Un stage de ski d'une semaine est organisé en février ou en mars à Autrans (Isère). Il faut se renseigner au mois de janvier pour les inscriptions et les dates exactes.

Entente sportive Handi-Paris

10, rue Fragonard, 17e – Tél. 01 47 89 46 62
Correspondant : André Dexant – andre.dexant@wanadoo.fr
Sports pratiqués : **escrime, natation**.
Les nageurs se retrouvent à la piscine Bernard-Lafaye (79, rue de la Jonquière, 17e) pour une pratique loisir ouverte à tous. L'escrime a lieu au gymnase Fragonard (10, rue Fragonard, 17e – Tél. 01 42 26 77 90), pour des entraînements en loisir et en compétition.

Mobile en Ville ♥

1, rue de l'Internationale, 91002 Évry cedex – Tél. 06 82 91 72 16
www.mobile-en-ville.asso.fr – mev@mobile-en-ville.asso.fr
Et oui, les handicapés ne sont pas uniquement des gens qui ne marchent pas, ce sont aussi des gens qui roulent, et qui du coup rencontrent les mêmes difficultés que ceux qui patinent, qui trottinent, qui poussent des bébés… Mobile en Ville s'est fait connaître en passant au peigne fin les 3 500 kilomètres de trottoirs parisiens à l'occasion d'un Téléthon, afin de **faciliter les déplacements sur roulettes**… Revêtement, dénivelé, hauteur, bateaux, tout a été recensé et cartographié dans un petit guide : *Paris comme sur des roulettes* (Dakota éditions), qui suggère aussi des itinéraires de balades (attention, elles s'adressent plutôt à des roller-skaters et sont longues).
Un dimanche par mois, l'association organise des randonnées mixtes rollers/fauteuils (manuels et électriques) vraiment super. Les rollers

donnent un coup de pouce aux fauteuils si besoin, et c'est parti pour une vingtaine de kilomètres de balade à travers la ville ! Ces randonnées ne sont pas du tout réservées aux sportifs, de nombreux participants se font pousser tout du long (bravo au staff de l'association !). Vous trouverez les rendez-vous sur le site ou en téléphonant ; les départs ont toujours lieu à 14h30 place du Palais-Royal (1er), et les randos durent 4 heures (la pause-pipi est prévue !).

Nanterre Handisport

190 bis, avenue de la République, 92000 Nanterre – Tél. 01 47 25 08 86
RER Nanterre-Université (ligne A)
Sport pratiqué : **foot-fauteuil**
Niveau compétition seulement. Il faut avoir son matériel. Bon à savoir : ils vont sans doute créer une section loisir à partir de septembre 2004.

Trace+

http://traceplus.free.fr – traceplustrilport@yahoo.fr
Président : Michel Boudon – Tél. 06 70 34 98 20
Le **handbike** a son association ! Entièrement vouée à la promotion du vélo à main, Trace+ organise des week-ends, des promenades et des présentations. Le handbike ne réclame pas de formation particulière (on comprend rapidement comment tourner ou reculer). C'est un sport de plein air qui peut être pratiqué aux côtés de vélos "normaux". D'autre part, il passe sans problème sur des chemins, dans la boue, sur des cailloux ou des feuilles mortes : idéal pour la forêt ou les champs !

S-Kart Paris-La Chapelle

56-58, avenue du Président-Wilson, 93210 La-Plaine-Saint-Denis
Tél. 01 49 46 93 93 – www.s-kart.com
Du mardi au dimanche, de 12h (14h le samedi) à 2h (20h le dimanche) – **WC**
Ce club a fait l'acquisition de 4 **karts** pour personnes handicapées, c'est-à-dire à commandes entièrement manuelles (frein et accélérateur). L'équipe est là pour vous aider à vous installer et à en sortir (c'est bas un kart !). Pour la première fois, mieux vaut se lancer sur la piste sans trop de monde... De toute façon, il faut réserver 48 heures à l'avance. Le mieux est de se laisser conseiller par un membre du personnel, qui vous dira à quel moment c'est calme. Pour se remettre de ses émotions et contempler la piste, un verre ou un repas au Klub sera salutaire.

Et aussi...
Association des paralysés de France
Voir aussi "Associations et numéros utiles", p. 102.

Les équipements municipaux

Stades, gymnases et courts de tennis : Paris offre de multiples possibilités pour s'entraîner dans tous les quartiers. La brochure Paris Sport *éditée par la Ville de Paris est une véritable bible pour découvrir toute la pratique sportive dans la capitale. Malheureusement, peu d'informations concernent le handicap (en fait, ils se contentent de renvoyer sur la fédération handisport). En revanche, tous les équipements municipaux accessibles sont recensés :* ***tennis, gymnases, stades et piscines****. Ces listes sont néanmoins à prendre avec précaution dans la mesure où aucun niveau d'accessibilité n'est distingué : ainsi, certains lieux sont parfaitement aménagés, d'autres moins (notamment en ce qui concerne les vestiaires, les toilettes, etc.). Une fois de plus, il n'est pas inutile de se renseigner avant.*

Comme un poisson dans l'eau

La municipalité parisienne entretient 34 piscines, dont **16 sont (plus ou moins) adaptées** pour les handicapés. Toutes les piscines suivantes ont vestiaires et toilettes accessibles, et on peut aller jusqu'au bassin en fauteuil. En revanche, le niveau d'accessibilité pour entrer dans l'eau (fauteuil spécial ou aide du maître nageur) est variable, et l'accès aux douches (notamment le prêt d'un fauteuil qui ne craint pas l'eau) n'est pas toujours prévu. Quand aucun système de mise à l'eau n'existe, les maîtres nageurs aident les personnes qui en ont besoin. Faites-leur confiance, c'est leur métier ! Il n'est jamais inutile de téléphoner pour vérifier le fonctionnement de l'ascenseur ou la disponibilité des maîtres nageurs, ainsi que les horaires, qui changent pendant les vacances scolaires et selon que la piscine est municipale ou semi-privée.
Les personnes handicapées bénéficient du tarif réduit.

Suzanne-Berlioux

10, place de la Rotonde (Forum des Halles niveau –3), 1er – Tél. 01 42 36 98 44
♿ *plain-pied* **WC** *fauteuil de douche, pas de fauteuil de mise à l'eau*

Jean-Taris

16, rue Thouin, 5e – Tél. 01 55 42 81 90
♿ *ascenseur* **WC** *fauteuil de douche, fauteuil de mise à l'eau*

Saint-Germain

12, rue Lobineau, 6e – Tél. 01 43 29 08 15
♿ *ascenseur* **WC** *pas de fauteuil de douche, fauteuil de mise à l'eau*

Drigny
18, rue Brochart-de-Saron, 9e – Tél. 01 45 26 86 93
♿ **WC** *ascenseur, pas de fauteuil de douche, pas de fauteuil de mise à l'eau*

Cour-des-Lions
11, rue Alphonse-Baudin, 11e – Tél. 01 43 55 09 23
♿ *(1 marche)* **WC** *pas de fauteuil de douche, pas de fauteuil de mise à l'eau*

Reuilly
13, rue Hénard, 12e – Tél. 01 40 02 08 08
♿ *plain-pied* **WC** *fauteuil de douche, fauteuil de mise à l'eau – Solarium*

Butte-aux-Cailles
5, place Paul-Verlaine, 13e – Tél. 01 45 89 60 05
♿ *plain-pied* **WC** *fauteuil de douche, pas de fauteuil de mise à l'eau*
Terrasse et bassin extérieurs

Aspirant-Dunant
20, rue Saillard, 14e – Tél. 01 45 45 50 37
♿ *ascenseur* **WC** *pas de fauteuil de douche, fauteuil de mise à l'eau*

Emile-Anthoine
9, rue Jean-Rey, 15e – Tél. 01 53 69 61 59
♿ *ascenseur* **WC** *fauteuil de douche, fauteuil de mise à l'eau – Solarium*

Henry-de-Montherlant
32, boulevard Lannes, 16e – Tél. 01 40 72 28 32
Des travaux sont prévus à l'été 2004 pour rendre la piscine accessible.

Bernard-Lafay
79, rue de la Jonquière, 17e – Tél. 01 42 26 11 05
♿ *plain-pied* **WC** *pas de fauteuil de douche, pas de fauteuil de mise à l'eau*

Champerret
32-36, boulevard de Reims, 17e – Tél. 01 47 66 49 98
♿ *plain-pied, pas de fauteuil de douche, pas de fauteuil de mise à l'eau*
Solarium

Bertrand-Dauvin
12, rue René-Binet, 18e – Tél. 01 44 92 73 42
♿ *élévateur (8 marches)* **WC** *fauteuil de douche, fauteuil de mise à l'eau*

Hébert
2, rue des Fillettes, 18e – Tél. 01 46 07 60 01
♿ *(1 marche)* **WC** *fauteuil de douche, fauteuil de mise à l'eau*

Georges-Hermant
4, rue David-d'Angers, 19e – Tél. 01 42 02 45 10
♿ *plain-pied* **WC** *pas de fauteuil de douche, pas de fauteuil de mise à l'eau*

Mathis
15, rue Mathis, 19e – Tél. 01 40 34 51 00
♿ *ascenseur* **WC** *pas de fauteuil de douche, pas de fauteuil de mise à l'eau*

Un jour au stade

Parc des Princes
Tél. 01 47 43 71 73 (réservation pour personnes handicapées) – www.psg.fr
Bus : 62, PC – Entrée pour les tribunes accessibles : avenue du Parc-des-Princes, 16e – Gratuit pour la personne handicapée et son accompagnateur – ♿ **WC**
Si c'est aussi un lieu de spectacles, le Parc des Princes est avant tout le domaine de l'équipe de football du Paris Saint-Germain. Ce stade de 50 000 places accueille donc principalement des matches de foot et de rugby. Pour les personnes handicapées, une **procédure simple et efficace** a été mise en place : il faut réserver sa place un mois à l'avance, et nous sommes placés systématiquement entre les tribunes I et J (sur la pelouse, côté Paris, au milieu). C'est gratuit pour la personne en fauteuil roulant et son accompagnateur ; il y a une buvette, des toilettes et même un poste médical à proximité ! La gratuité n'est valable que pour les manifestations organisées par le PSG. Pour les autres, le tarif varie, mais le stade reste de toute façon accessible !

Stade de France

ZAC Cornillon Nord, rue Francis-de-Pressensé, 93210 Saint-Denis
Tél. 08 92 70 09 00 (renseignements, calendrier, manifestations)
et 01 55 93 00 00 (services administratifs et commerciaux)
www.stadedefrance.com – contact@stadefrance.fr
RER La Plaine-Stade-de-France (ligne B) et
Stade-de-France-Saint-Denis (ligne D) – ♿ **WC+**

Le Stade de France est bien accessible pour les personnes en fauteuil roulant (des emplacements leur sont réservés). Malheureusement, la visite guidée emprunte un parcours bourré d'escaliers, aussi n'est-il pas possible de la suivre. Pour réserver, tout dépend de l'événement choisi. Pour un match de football, il faut s'adresser directement à la Fédération française de football au 01 44 31 73 00. **Les matchs sont gratuits.** Pour tout événement organisé par le Stade lui-même (opéras, concerts rock, nuit celtique...), il faut s'adresser au 01 55 93 01 49 (billetterie collectivités). Les places sont gratuites pour les personnes handicapées mais payantes pour leur accompagnateur, qui sera placé à côté.

Roland-Garros

Porte des Mousquetaires, 2, avenue Gordon-Bennett, 16e
Tél. 01 47 43 48 00 – www.fft.fr/rolandgarros/fr
Bus : PC – Du mardi au dimanche de 10h à 18h
Musée : 6,5 €, tél. 01 47 43 48 48 – Restaurant : tél. 01 47 43 49 56,
du mardi au dimanche midi et soir, carte 50 € – ♿ **WC**

Une boutique de sport, la "clinique de la raquette", un restaurant chic, un musée... **le tennis est ici érigé en objet de culte** même si Roland-Garros reste avant tout la demeure mythique des Internationaux de tennis de France. Une procédure spécifique a été mise en place pour l'achat des billets pour les personnes handicapées : il faut, au mois de février, faire une demande par écrit à M. Fusade, Commission Tennis en fauteuil roulant, 42, rue Louis-Lumière, 20e, qui vous expliquera alors la marche à suivre.

6

Se balader et découvrir la ville

Profiter du bord de la Seine, pique-niquer au pied des serres d'Auteuil, savourer la rumeur des jets d'eau du parc André-Citroën ou se laisser guider par le tracé des passages couverts : bref faire du tourisme sans être touriste, les avantages sans les inconvénients ! Et en plus, là, c'est (presque) sans pavés ni côtes, sans marches et même la pause-pipi est prévue.

Jardin des Halles (1er)

Bus : 21, 38, 96; M° Châtelet (ligne 14); RER Châtelet-Les Halles (lignes A, B, D) – Accès : rue Berger; rue Pierre-Lescot; rue Coquillière; rue de Viarmes; rue Rambuteau – Du lundi au samedi de 9h (10h mercredi et samedi) à 16h (hiver) ou 19h (été)
Pause-café : Étienne Marcel **WC**, *voir p. 9 –* ♿

Ouf ! Chacun connaît le Forum des Halles, son bruit, ses bousculades, sa lumière artificielle. En revanche, le jardin aménagé sur une dalle au-dessus (et oui, c'est pour ça que le centre commercial est souterrain) est beaucoup plus confidentiel. Le monde semble tourner au ralenti tant le contraste est fort par rapport au reste du quartier. Les enfants s'amusent dans un espace protégé où quantité de jeux sont à leur disposition. À une extrémité, on redécouvre la beauté de la rotonde de la Bourse du Commerce. Au contact des arbres et pelouses, on se rend compte que décidément, c'est quand même plus agréable de manger son sandwich sur un banc au soleil plutôt qu'au pas de course. Le jardin surplombe les "fosses" ménagées dans le Forum pour lui donner un peu de lumière naturelle. Autre perspective, autre ambiance !

Jardin des Tuileries (1er)

Bus : 24, 27, 39, 81, 94, 95 – Accès : 206, rue de Rivoli (pente assez raide); place de la Concorde; place du Carrousel. Attention, les entrées de la rue de Rivoli ne sont pas toutes de plain-pied – Tous les jours de 7h à 19h
WC+ *(à l'entrée Concorde et dans la galerie du Jeu de paume) –* ♿

Dessinées par Le Nôtre (futur maître d'œuvre du parc de Versailles) en 1664, les Tuileries sont caractéristiques des jardins dits "à la française". Jets d'eau et organisation géométrique sont des signes flagrants du rêve alors tout nouveau de domestiquer la nature. Et le résultat est à la hauteur du projet, puisque le jardin s'intègre aujourd'hui dans **la plus grande perspective architecturale du monde**, qui s'étend de l'arche de la Défense à la cour du Louvre, en passant par l'Arc de

Triomphe. Que de grandiose ! Pour en profiter pleinement, mieux vaut arriver par la place de la Concorde et laisser progressivement derrière soi les galeries de l'Orangerie et du Jeu de paume (accessibles) ainsi que les nombreuses sculptures ; on est peu à peu envahi par la présence imposante du palais du Louvre. Après le jardin du Petit Carrousel, on atterrit finalement au pied de la Pyramide. Retournez-vous pour contempler la fameuse perspective, mais ne vous arrêtez pas là : derrière la cour du Nouveau Louvre (XIXe siècle) se cache la merveilleuse Cour carrée, ceinte des bâtiments du Vieux Louvre (XVIe siècle). Et la promenade se termine rue de l'Amiral-Coligny, face à l'église Saint-Germain-l'Auxerrois. Deux kilomètres absolument plats et carrossables pour une promenade… historique.

Passages couverts (2e et 9e)

Bus : 20, 39 – Pause-bière : Hard Rock Café **WC+**, *voir p. 12* –

Il fut un temps où l'on pouvait traverser Paris à pied sans mouiller ni son chapeau ni ses bottines les jours de pluie. C'est vrai que Paris était plus petit et que l'invention des trottoirs a remédié à l'humidité des pieds et aux éclaboussures. Les fameux passages couverts, s'ils ne servent donc plus à se protéger des ondées, n'en restent pas moins à l'abri de la circulation ; on se surprend à parler moins fort et à éteindre son portable pour mieux profiter de leur **atmosphère hors du temps.** Certains sont occupés par des boutiques d'antiquités ou de reliures anciennes, par des galeries d'artistes. On y trouve aussi des salons de thé délicieux où l'on est presque étonné que la serveuse ne soit pas en costume !

Passage des Panoramas – Entrées de plain-pied boulevard Montmartre et rue Saint-Marc. Les autres accès sont soit fermés soit avec des marches.

Passage Jouffroy – Entrée de plain-pied boulevard Montmartre, mais il y a un escalier au milieu. À l'autre bout, 3 marches par la rue de la Grange-Batelière.

Passage Verdeau – Accès de plain-pied des deux côtés (rue de la Grange-Batelière et rue du Faubourg-Montmartre). C'est le passage des bouquinistes et affichistes.

Passage du Grand-Cerf – Les deux accès sont de plain-pied (par la rue Dussoubs et la rue Saint-Denis).

Galerie Vivienne – De plain-pied par la rue de la Banque et la rue des Petits Champs, mais il y a quelques marches au milieu (on peut tout voir mais il faut repasser par l'extérieur).

Passage Choiseul – Accès de plain-pied rue des Petits-Champs et rue Saint-Augustin.

Jardin Tino-Rossi (4e)

Bus : 24, 63 – Accès au pont de Sully côté rive gauche, à droite quand on regarde la Seine, en pente très douce – **WC** *(dans la salle de sport – 7h-22h30, tous les jours, dimanche jusqu'à 12h) –* ♿

Pouvoir **profiter du bord de l'eau sans voitures**, avec un peu d'herbe et des sculptures : oui, c'est possible. Composé de plusieurs chemins étagés en gradins jusqu'à la Seine, le jardin Tino-Rossi a pour vocation première d'être un musée de la sculpture contemporaine en plein air. Mais c'est le concept même du musée qui est ici révisé. Les œuvres (entre autres de Brancusi ou César), loin des habituelles enfilades, participent ici à l'ambiance, s'intégrant au décor au même titre que les péniches stationnées à quelques mètres de là, ou encore que la pointe de l'île de la Cité laissant deviner le profil de Notre-Dame. Un musée peut-être, mais dans lequel on s'installe pour pique-niquer et profiter du clapotis de l'eau : incontournable quand arrivent les beaux jours.

Place des Vosges (4e)

Bus : 96 – Pause-thé : Côté Place **WC**, *voir p. 9 –* ♿

Construite sur la volonté d'Henri IV, la place des Vosges est la plus ancienne de Paris. Son architecture régulière – façades aussi larges que hautes, toitures moitié moins hautes que les façades – et les matériaux utilisés – brique et pierre – lui prodiguent une **harmonie parfaite** et par le même coup une atmosphère unique. Les arcades se prêtent à une promenade apaisante : plate, abritée, dallée. Des chanteurs d'opéra profitent régulièrement de l'acoustique et contribuent à l'ambiance. Un peu plus loin et à l'écart de la frénésie du Marais (foule, trafic, touristes), le Village Saint-Paul, (25, rue Saint-Paul – passage étroit; 26, rue des Jardins-Saint-Paul; 7, rue Charlemagne, 4e) : trois petites places, cinq arbres, des maisons basses et des antiquaires. Un rayon de soleil et ils sortent leurs pliants pour déjeuner dehors, on est tellement mieux ! On prend le temps de vivre, on oublie la ville, le soleil ne durera peut-être que quelques instants, alors profitons-en !

Jardin des plantes et ménagerie (5e)

Bus : 24, 91 – Accès : Place Valhubert; rue Buffon; 36, rue Geoffroy-Saint-Hilaire; 57, rue Cuvier – Tous les jours de 7h30 à 17h30 (20h l'été) **WC+** *(grande galerie – tous les jours sauf mardi de 10h à 18h) –* 🚹♿

Le Jardin des plantes est l'élément central du Muséum d'histoire naturelle. Des chercheurs aussi célèbres que Jussieu, Geoffroy Saint-Hilaire, Cuvier ou Buffon se sont succédé dans ce vaste complexe scientifique avant de laisser leur nom aux rues du quartier. Les collections ont ainsi sans cesse été alimentées par les fruits des expéditions à travers le monde de ces botanistes, minéralogistes, paléontologues et autres naturalistes. La promenade dans le jardin est carrossable malgré l'absence de revêtement dans les allées. Deux parties sont ouvertes à vos pérégrinations. À gauche (en regardant la grande galerie), le jardin à la française dont les larges allées présentent peu de relief. À droite, le jardin à l'anglaise abrite l'un des plus anciens zoos du monde. Quel que soit le côté, à vous de choisir entre une exploration scientifique du jardin – **école de botanique, roseraie, labyrinthe** (pour les plus musclés), ménagerie (accessible à 70 %) – et la flânerie à l'ombre des marronniers. Attention, les grandes serres ne sont pas du tout accessibles aux fauteuils roulants.

Jardin du Luxembourg (6e)

Bus : 38 – Accès : boulevard Saint-Michel; rue de Vaugirard; rue Guynemer; rue Auguste-Comte; rue de Médicis – Tous les jours, horaires variant chaque quinzaine : ouverture entre 7h30 et 8h15, fermeture entre 17h et 21h55 – **WC** *(à l'entrée Auguste-Comte – 11h-13h, 13h45-19h et à côté du Sénat – 9h-19h) –* ♿

On peut se faire une idée de ce qu'a dû être le jardin construit pour la reine Marie de Médicis quand on sait qu'il n'en subsiste aujourd'hui qu'une partie et qu'il reste **l'un des plus grands espaces verts de Paris** : le baron Haussmann détruisit froidement pépinière et jardin botanique pour élargir la rue de Vaugirard et percer le boulevard Saint-Michel et la rue de Médicis. Même la fameuse fontaine a été amputée de quelques colonnes ! Déplacée, elle constitue aujourd'hui l'un des lieux de promenade les plus romantiques du jardin. Ainsi réaménagé, il demeure très attrayant : on peut faire confiance aux sénateurs, qui ont élu domicile dans le palais depuis 1879. Témoin de tous les troubles que connut la ville de par sa position centrale, le "Luco" a été tour à tour prison (Desmoulins, Danton et le peintre David y ont entre autres séjourné), hôpital pendant la guerre de 1870, et tribunal pendant la Commune (on voit encore, sur un des murs qui encadrent le bassin, des impacts de balles qui datent des exécutions sommaires qui avaient lieu jour et nuit pendant la Semaine sanglante). Et, le 24 août 1944, les troupes du général Leclerc traversèrent le jardin avant de défiler sur les Champs-Élysées. Aujourd'hui fréquenté par les étudiants du Quartier latin, ce dernier a retrouvé sa sérénité; des sculptures de Bourdelle, Rodin ou encore Zadkine sont cachées parmi les tilleuls et les marronniers. Le Luxembourg se prête parfaitement à une promenade reposante, à peine troublée par le clapotis des petits bateaux du bassin. Il est même suffisamment tranquille pour accueillir des joueurs d'échecs (des parties s'organisent spontanément sous un abri, près du coin de la rue Guynemer et de la rue de Vaugirard).

Aux oubliettes les sanisettes !

Toute personne se déplaçant en fauteuil roulant sait comme il est difficile de faire pipi dans la capitale.

Il n'y a que 20 sanisettes Decaux adaptées aux fauteuils roulants (une par arrondissement) et en fait elles sont totalement inaccessibles. Sous le prétexte, discutable, d'en réserver l'usage aux personnes handicapées, il a été décidé que ce serait une carte, et non les 30 centimes habituels, qui permettrait d'en franchir la porte. Cette carte de 10 entrées, payante et valable du 1er janvier au 31 décembre (ce qui est absurde), n'est délivrée qu'aux personnes habitant Paris intra-muros ou travaillant à Paris. Alors, comment font les touristes, les provinciaux ou les gens qui ont simplement le "malheur" d'habiter en banlieue ? Mais ça ne s'arrête pas là : on ne connaît personne qui ait réussi à en acheter une ! On est trimballé de bureau en bureau à la mairie, personne ne sait à qui il faut s'adresser… Enfin, pour être bien sûr que même le héros obstiné qui est parvenu à obtenir la fameuse carte ne les utilisera pas, il est fréquent que des barrières bloquent l'accès à ces édicules… Bref, les belles sanisettes pour handicapés, qui ont dû coûter une petite fortune, sont inutilisables. ***Pas de toilettes publiques donc pour les personnes en fauteuil roulant****. En revanche, les grands magasins et centres commerciaux (Italie 2, BHV, Bon Marché, Forum des Halles, Printemps…), certaines bibliothèques municipales, certains cinémas (en général les multiplexes) respectent les lois. De même, les hôpitaux, les gares, les mairies, les musées ont des toilettes facilement accessibles. Enfin, fast-food et restaurants de chaînes (Mac Donald's, Hippopotamus, Pizza Pino, etc.) ont parfois des toilettes aménagées ; mais ce ne sont pas des toilettes publiques : consommez ne serait-ce qu'un café !*

Canal Saint-Martin (10e)

Bus : 26 – Piéton le dimanche de 10h à 18h (opération parfois suspendue)
Pause-café : La Cantine d'Antoine et Lili **WC**, *voir p. 15 –*

Le canal Saint-Martin, avec **ses passerelles en fer forgé, ses ponts tournants et ses cafés dans le coup**, est un lieu où il fait bon se balader, surtout le dimanche quand les quais sont fermés à la circulation. On accède directement au bord de l'eau par la place Stalingrad : après la descente, les pavés cèdent la place à de la terre battue bien carrossable. Vous n'aurez même pas à remonter tout ça parce que plus loin, le niveau de la berge rejoint celui de la rue. Attention, ceci est valable quai de Jemmapes mais non quai de Valmy (où il y a quelques marches). Ensuite, on traverse un petit square (tables de ping-pong et bancs pour les spectateurs), avant d'atteindre la passerelle de la rue Eugène-Varlin, d'où on jouit d'un beau point de vue sur les mécanismes des écluses. Ça vaut le coup d'œil, surtout quand une péniche passe par là. Après, les deux rives sont pavées; mais des pistes cyclables plus lisses permettent de continuer la promenade, qui passe (quai de Jemmapes) devant le fameux hôtel du Nord et l'hôpital Saint-Louis (le plus vieil hôpital de Paris, dont une partie est restée quasiment intacte, notamment une cour ravissante, avec une pelouse bordée d'arcades). Côté quai de Valmy, le square Villemin est envahi par les jeunes footballeurs du quartier. Après le coude, le canal commence sa descente sous terre : la promenade peut continuer par le terre-plein central des boulevards Jules-Ferry puis Richard-Lenoir, qui conduit directement à la place de la Bastille.

Parc de Bercy et jardin Yitzhak-Rabin (12e)

Bus : 24, 62; M° Cour-Saint-Émilion (ligne 14)
Accès : rue Paul-Belmondo (pente pavée); rue de Tolbiac; rue François-Truffaut; rue Joseph-Kessel – Tous les jours de 8h (9h le week-end) à 17h30 (hiver) ou 21h30 (été) – **WC** *(dans la Maison du lac)* – ♿

Situé au centre du quartier tout neuf du même nom et sur l'emplacement d'anciens entrepôts vinicoles, le parc de Bercy est à l'image du réaménagement des alentours, conciliant **recoins intimes et larges artères de circulation**. Le parc est quadrillé d'allées qui délimitent trois jardins s'étalant de part et d'autre de la rue de Tolbiac (une des passerelles est accessible) et longeant la Seine sur deux niveaux (ne pas manquer la terrasse accessible par ascenseur qui surplombe la Seine) : la grande prairie, les parterres et le jardin romantique. Une des plus jolies zones du parc est dédiée depuis 2000 à la mémoire d'Yitzhak Rabin. Quelques vestiges subsistent de l'époque où de gigantesques fûts de vin étaient entreposés ici : allées pavées, tronçons de rails et trois bâtiments devenus aujourd'hui le Pavillon de Bercy, la Maison du jardinage (conseils en tout genre pour jardiniers de tous niveaux du mardi au vendredi de 13h à 18h, 18h30 le samedi) et la Maison du lac, qui accueille régulièrement des petites expositions.

Promenade plantée (12e)

Bus : 20, 91 (Bastille), 62 (rue du Sahel)
Accès par ascenseur au 94, avenue Daumesnil et à l'angle avenue Daumesnil, rue Hector-Malot. Attention, l'ascenseur voie AA/12 (entre Go Sport et Surcouf, face à la rue Charles-Bossut) est en panne depuis longtemps. Accès de plain-pied : jardin de Reuilly (par la rue Hénard) ; 1, rue du Sahel ; rue de Rambervillers ; boulevard Carnot – Tous les jours : ouverture 8h (9h week-end et jours fériés), fermeture entre 17h30 (hiver) et 21h30 (été) – **WC** *(à la piscine Reuilly) –* ♿

La promenade plantée emprunte les 4,5 kilomètres de l'ancienne voie ferrée qui traversait le 12e arrondissement entre Bastille et le bois de Vincennes. Elle en a gardé les infrastructures d'origine : viaducs, tunnels, tranchées. Elle a été aménagée en une **promenade insolite protégée de la circulation et très facile en fauteuil roulant.** La première partie est le viaduc des Arts : elle démarre derrière l'Opéra Bastille (accès par ascenseur) et surplombe l'avenue Daumesnil à dix mètres de haut jusqu'au jardin de Reuilly, donnant une vision étonnante des bâtiments qui l'entourent. Vous pouvez vous arrêter là, rebrousser chemin et suivre le viaduc par en bas, en faisant du lèche-vitrines : des ateliers d'artisanat sont installés sous les arcades.
Mais la promenade peut aussi se prolonger le long de l'allée Vivaldi. Elle s'enfonce ensuite en tunnels et en tranchées et finit par rejoindre le bois de Vincennes. Les piétons partagent l'espace avec vélos et rollers. Attention, pas de sortie possible entre l'allée Vivaldi et la rue du Sahel.

Cité internationale universitaire de Paris (14e)

Boulevard Jourdan, 14e – www.ciup.fr – Bus : PC, 21 ;
RER Cité-Universitaire (ligne B) – Tous les jours de 8h à 21h
Visite guidée le 1er dimanche de chaque mois, à 15h : rendez-vous dans l'espace Architecture, Collège néerlandais, 61, boulevard Jourdan
WC *(dans la Maison internationale, 17, boulevard Jourdan)*

La Cité universitaire est née dans les années vingt dans le contexte pacifique de l'après-guerre : les résidences représentant chacune un pays hébergent des étudiants du monde entier (pas moins de 130 nationalités y cohabitent), contribuant ainsi à la connaissance mutuelle entre les peuples. Un vaste parc de 34 hectares entoure les maisons d'étudiants, se prêtant idéalement à des promenades tranquilles, pas fatigantes (le parc est beaucoup plus plat que son voisin Montsouris) et intéressantes. Chacune des 40 maisons a ses particularités, ce qui permet de transformer une simple promenade en visite d'**exposition architecturale.** Le Pavillon suisse a été dessiné par Le Corbusier; la Maison internationale (qui héberge aussi le Théâtre de la Cité internationale, actuellement en travaux et donc prochainement accessible en fauteuil roulant) rappelle le château de Fontainebleau... Mais la Cité U est surtout un lieu de rencontres : les étudiants investissent dès les beaux jours les pelouses, pour des pique-niques, des parties de badminton ou de petits concerts improvisés.

Jardin atlantique (14e)

Bus : 88, 91, 92, 94, 96 – Accès de plain-pied 11, boulevard Pasteur, et avec ascenseur au 2, rue du Commandant-Mouchotte – Tous les jours de 8h (9h week-end et jours fériés) à 17h30 (hiver) et 21h30 (été)
Pause-bière : Le Petit Journal Montparnasse **WC+**, *voir p. 45* – ♿

Derrière la tour Montparnasse et les barres de bureaux, au-dessus des voies ferrées, se cache un **étonnant petit jardin urbain** : allées rectilignes et dallées (donc carrossables), pelouses nickel, mobilier en teck (notamment des bains de soleil pour s'allonger, transfert à hauteur de fauteuil). Cet espace s'intègre parfaitement aux immeubles qui l'entourent, qui deviennent ainsi une frontière entre le calme du jardin et la cacophonie du quartier Montparnasse. On peut en profiter pour découvrir le "complexe Bofill" mitoyen : place de Catalogne, place de Séoul et la partie piétonne de la rue Vercingétorix.

Parc André-Citroën (15e) ♥

Tél. 01 40 71 75 60 – Bus : 39, 88, PC1
Accès : rue Leblanc; 226, rue Saint-Charles; 56, rue Balard
Du lundi au vendredi : 7h30-21h30, week-end et jours fériés : 9h-21h30
WC+ *(Jardin noir – 226, rue Saint-Charles, et aux deux extrémités de l'allée qui longe les petites serres)* – ♿

Construit en 1992 sur les 23 hectares laissés par les usines automobiles fermées en 1974, le parc André-Citroën respecte l'organisation classique des jardins de la rive gauche : à l'image du Jardin des plantes, du Champ-de-Mars ou des Invalides, il s'agence perpendiculairement au fleuve. Les voies sur berge ont été enterrées, ce qui permet, fait unique à Paris, l'accès direct à la Seine (dans laquelle il n'est toujours pas envisageable de se baigner, malheureusement). **L'eau est d'ailleurs partout présente** : fontaines et murs jaillissants, coursives, canal encadrant la pelouse centrale (franchissable grâce à des passerelles sans marches). Sur les côtés,

six jardins "sériels" : la couleur de la végétation évoque les métaux, or, argent, cuivre, étain, plomb, mercure. Certains sont laissés à leur libre développement, ce qui conduit à des paysages inattendus. À l'extrémité opposée à la Seine, deux grandes serres (si l'entrée accessible est fermée, demander à un agent d'ouvrir la grille) achèvent de structurer l'ensemble. Vous pourrez observer à loisir le parc (ainsi que tout Paris) du ballon captif qui monte à 150 mètres d'altitude (12 € pour les adultes). Du côté de la rue Saint-Charles, le Jardin noir, sorte de labyrinthe clos sur trois niveaux (prévoir de bons bras pour les rampes du niveau bas), est très ombragé et planté d'une végétation dense et sombre.
L'ensemble du parc est parfaitement carrossable.

Jardin des serres d'Auteuil (16e)

Accès : 1 bis, avenue de la Porte-d'Auteuil; 1, avenue Gordon-Bennett
Tous les jours de 10h à 17h (18h en été) – Entrée et visites générales ou à thèmes gratuites pour les handicapés – **WC+** *(près de la grande serre)*
Bus : PC1 – Renseignements sur les visites : 01 40 71 75 60 – ♿
Un havre de paix dans un cadre ravissant à quelques mètres du boulevard périphérique. Le jardin des serres d'Auteuil regroupe **un ensemble de serres construites à la fin du XIXe siècle**, qui à elles seules valent le détour. Disséminées dans ce parc à taille humaine, elles mêlent magnifiquement le verre et le métal, matériaux de construction très utilisés à cette période de révolution industrielle; le dôme de la plus haute culmine à 15,75 m. Différents climats y sont reconstitués, ce qui permet l'épanouissement de palmiers, cactus et autres hibiscus. Des visites thématiques sont organisées à toutes les périodes de l'année, sous serre ou hors serre. Le parc est particulièrement calme et les pelouses d'autant plus agréables pour une pause pique-nique. Sans être tout à fait plates, les allées de terre battue n'en sont pas moins parfaitement carrossables. Le Jardin des poètes, mitoyen côté porte d'Auteuil, est quant à lui plus familial, et donc plutôt animé. On peut y admirer le buste de Victor Hugo par Rodin.

Parc des Buttes-Chaumont (19e)

Bus : 60 (arrivée en haut du parc) et 26 (arrivée en bas du parc)
Accès : rue Manin; rue de Crimée; rue Botzaris – Tous les jours de 7h à 20h15 (du 30 septembre au 1er mai), 21h15 (du 16 août au 30 septembre et du 1er mai au 31 mai) et 22h15 (du 1er juin au 15 août) – **WC** *(mairie du 19e arrondissement – fermé le dimanche) –* 🚹♿
Les Buttes-Chaumont, situées sur une ancienne carrière (et donc très vallonnées), étaient devenues une décharge publique sous la Restauration. Ce n'était pas pour plaire à Napoléon III et à son cher baron

Haussmann, qui les transformèrent illico (moyennant quatre ans de travaux et quelques impôts) en un vaste parc. Il est à l'image de la mode baroque du Second Empire : cascade, grotte, ponts suspendus, et surtout une végétation luxuriante au creux de laquelle sont cachés des recoins romantiques... et des oiseaux de toute sorte! Aujourd'hui, c'est l'un des jardins les plus appréciés de la capitale. Attention, c'est aussi **le plus escarpé**. Alors de deux choses l'une : soit vous êtes hypersportif et vous n'avez pas peur d'affronter les pentes de la butte et à vous les 5,5 km de promenade. Soit vous avez envie de vous balader tranquillement : choisissez alors à l'avance quel côté du parc vous intéresse. Le lac, dont on peut aisément faire le tour, est en bas, et il faut entrer par la rue Manin. Le panorama le plus vaste est en haut (logique!), et il faut entrer par la rue Botzaris; cet itinéraire n'est pas tout à fait plat... En revanche, pas de salut pour ceux qui voudraient visiter la grotte ou se balader au-dessus du vide sur les ponts suspendus : des marches, des marches...

Parc de La Villette (19e) ♥

Tél. 01 40 03 75 75 (informations, billetterie, réservation)
www.villette.com (plan, programmation...) – Bus : PC – Tous les jours de 6h à 1h – Accueil tous les jours de 10h à 19h, place de la Fontaine-aux-Lions (porte de Pantin) – Tarif réduit pour toutes les manifestations
Attention : le parc se divise en deux parties de part et d'autre du canal de l'Ourcq. Cité de la Musique, Zénith, Grande Halle, cinéma en plein air : suivre Parc de La Villette Sud (accès porte de Pantin). Espace Chapiteaux, Cité des sciences et de l'industrie, Géode, Maison de La Villette : suivre Parc de La Villette Nord (accès porte de La Villette) – **WC** *dans tous les espaces du parc ; pour les noctambules,* **WC+** *au Café de la Musique, voir p. 15, et au Quick, côté porte de La Villette (tous les jours de 11h30 à 22h, 9h-20h le lundi) –* ♿

Le projet de rénovation de la friche industrielle qui entourait les abattoirs (le dernier bœuf fut abattu dans la Grande Halle en 1974) s'est achevé en 1997, créant un lieu de rencontre cosmopolite, composé d'espaces accueillant des manifestations culturelles contemporaines et de nouvelles formes d'expression (cirque, marionnettes, hip-hop...). Avec **80 000 m^2 de pelouses et trois kilomètres de promenades**, le parc de La Villette est aussi le plus vaste espace vert de Paris.

Dix jardins jalonnent les multiples parcours et offrent autant d'ambiances et d'expériences architecturales : bronzette au Jardin de la treille, jeux en famille au Jardin des dunes ou rendez-vous galant à celui des ombres. Les immenses pelouses sont idéales pour les pique-niques.
Le parc est entièrement carrossable (des pavés sont toutefois à regretter sur les bords du canal) et les bâtiments parfaitement accessibles (sauf le sous-marin *L'Argonaute*). Un bémol à signaler : le franchissement du canal de l'Ourcq qui coupe le parc en deux se fait par des ascenseurs... qui sont régulièrement en panne. Pour éviter les mauvaises surprises, mieux vaut penser à arriver par la bonne porte (Pantin côté Sud, Villette côté Nord). Vous pouvez aussi téléphoner à l'accueil qui vous renseignera sur le fonctionnement des ascenseurs. De même, pour les manifestations en plein air, n'hésitez pas à contacter le poste de contrôle (*via* l'accueil) pour les prévenir de votre visite, ce qui peut permettre de couper la file et d'être installé au 1er rang.

Croisière sur la Seine

Quoi de plus ***surprenant*** *que de découvrir Paris d'un point de vue inhabituel? Quoi de plus* ***amusant*** *que de se fondre dans la masse des touristes sans en être un soi-même? Quoi de plus* ***reposant*** *que de se laisser mener au fil de l'eau? Toutes les raisons sont bonnes pour s'offrir une croisière sur la Seine. Les bateaux partent de la tour Eiffel, atteignent l'île Saint-Louis et rentrent au port tranquillement, le tout en une heure, après avoir longé les plus belles façades de la ville : le musée d'Orsay, Notre-Dame, le Trocadéro, la Conciergerie, le Louvre... On accède au bateau grâce à des rampes assez raides mais très courtes et après, c'est un plaisir...*

Compagnie des Bateaux Parisiens – Tél. 01 44 11 33 44
www.bateauxparisiens.com
Départ : port de La Bourdonnais, 7e (au pied de la tour Eiffel)
Accès par le quai Branly, au coin de l'avenue de La Bourdonnais
Parking gratuit sur présentation du ticket de croisière – Tous les jours de novembre à Pâques, toutes les heures de 10h à 13h et de 17h à 20h, toutes les 30 minutes de 13h à 17h et de 20h à 22h; de Pâques à octobre, toutes les 30 minutes de 10h à 22h30
Adultes 9 €, enfant moins de 12 ans 4 € – ~~WC~~ – ♿

7

Quand Paris nous transporte

Les transports en commun

La RATP fait un **effort net et visible** depuis quelques années pour aménager son réseau de surface (bus et tramways). Les bus sont accessibles au moyen d'une palette rétractable (on entre par l'arrière après avoir fait signe au chauffeur). À l'intérieur, un emplacement est réservé pour les fauteuils ; attention, le fauteuil n'est pas arrimé et ça secoue parfois. Un bouton spécial permet de prévenir que l'on veut descendre. Le tout fonctionne désormais très bien (après quelques difficultés au début).
En ce qui concerne le réseau souterrain (métro et RER), les choses sont plus compliquées. Rien n'est envisagé pour le métro (seule la ligne 14, Saint-Lazare/Bibliothèque-François-Mitterrand, est praticable en fauteuil). Une vingtaine de gares de RER parisiennes sont accessibles ; cependant, être sur le quai ne suffit pas, encore faut-il entrer dans le wagon et c'est là que le bât blesse : il reste une (énorme) marche pour accéder à la rame, même s'il y a toujours du monde pour vous donner un coup de pouce.
L'objectif est que les 59 lignes de bus de Paris soient accessibles d'ici fin 2006. Pour le RER, les 63 gares devraient toutes être accessibles pour la fin 2008.
Vous pouvez contacter la mission accessibilité de la RATP pour avoir le planning des prochaines lignes et stations aménagées :
19, place de Lachambeaudie, 75570 Paris cedex 12 – Fax 01 49 28 18 83
Pierre Leloup (responsable) au 01 49 28 47 46 ; Michel David (responsable clientèle) au 01 49 28 18 84 ; Muriel Larrouy (chargée de mission) au 01 49 28 18 81.

Infomobi, un service capital(e)

Tél. 08 10 64 64 64, du lundi au samedi de 7h à 19h ou www.infomobi.com
Service mis en place depuis octobre 2003, qui recense toutes les solutions de transport en Île-de-France (RATP, SNCF, Optile, transport spécialisé) pour les personnes handicapées. Le site est d'une clarté irréprochable. Si toutefois vous ne trouvez pas la formule qui vous convient, téléphonez : un opérateur établira votre trajet en Île-de-France en fonction des gares et stations accessibles et surtout des ascenseurs qui fonctionnent (grâce à une mise à jour en temps réel). Il vous orientera sur

l'association de transport spécialisé la plus à même de répondre à votre demande (en fonction du handicap et de la zone). Les opérateurs sont très compétents et conscients des problèmes éventuels (seuils, portillons trop étroits, ascenseurs en panne...).
Un plan des stations et des lignes de bus accessibles est téléchargeable sur le site et réactualisé dès qu'une nouvelle ligne est aménagée ; ils peuvent aussi vous envoyer une version papier sur demande.
Bref, ce **service incontournable** répond efficacement à tous vos besoins en matière de déplacement en Île-de-France.

Paris Accompagnement Mobilité

www.pam.paris.fr – www.pam-info.com
Centrale de réservation (7h-20h) : 0810 081 075
Réservé aux Parisiens avec un taux d'invalidité minimum de 80 % ; accompagnateur gratuit – Tarif : 6 € (trajet dans Paris), 9 € (petite couronne) et 15 € (grande couronne)

Le PAM a été récemment mis en place **pour pallier le manque de transports en commun accessibles aux personnes handicapés.** Le site Internet ne fonctionnait toujours pas plusieurs semaines après son lancement en grande pompe (et bien relayé par la presse), mais la ligne de téléphone est au point. Le principe : remplir un dossier d'inscription pour recevoir la carte Pam Pass ; ensuite, que ce soit pour des trajets réguliers (domicile-bureau par exemple) ou occasionnels (dans ce cas, prévenir 48 heures à l'avance), un véhicule adapté vient vous chercher (même jusqu'à l'intérieur de chez vous si nécessaire) et vous emmène ; attention, vous ne pourrez pas changer de destination entre le jour de la réservation et le jour du transport. Il est vraiment regrettable que ce service soit exclusivement réservé aux Parisiens, laissant à l'écart les nombreuses personnes qui viennent à Paris sans pourtant y habiter.

Lignes de bus accessibles et aménagées (au 15 février 2004)

20 : de la gare Saint-Lazare à la gare de Lyon
21 : de la gare Saint-Lazare à la porte de Gentilly
24 : de la gare Saint-Lazare à Maisons-Alfort (École vétérinaire)
26 : de la gare Saint-Lazare au cours de Vincennes
27 : de la gare Saint-Lazare à la porte de Vitry
30 : de la place du Trocadéro à la gare de l'Est
31 : de la place Charles-de-Gaulle-Étoile à la gare de l'Est
38 : de la porte d'Orléans à la gare du Nord
39 : d'Issy-les-Moulineaux à la gare de l'Est
53 : du pont de Levallois à la place de l'Opéra

60 : de la porte de Montmartre à la place Gambetta
62 : de la porte de Saint-Cloud au cours de Vincennes
63 : de la porte de la Muette à la gare de Lyon
80 : de la porte de Versailles à la mairie du 18e arrondissement
81 : de la porte de Saint-Ouen au Châtelet
88 : de l'hôpital Georges-Pompidou au parc Montsouris
91 : de la gare TGV Montparnasse à la place de la Bastille
92 : de la porte de Champerret à la gare Montparnasse
94 : de Levallois (Louison-Bobet) à la gare Montparnasse
95 : de la porte de Vanves à la porte de Montmartre
96 : de la gare Montparnasse à la porte des Lilas
PC1 : de la porte de Champerret à la porte de Charenton
PC2 : de la porte d'Italie à la porte de La Villette
PC3 : de la porte Maillot à la porte des Lilas
360 : de l'hôpital de Garches à La Défense
Orlybus
Roissybus

Stations de métro et gares RER accessibles et aménagées (au 15 février 2004)

Auber (RER A) : ♿
Avenue-du-Président-Kennedy-Maison-de-Radio-France (RER C) : 🚹♿
Avenue-Foch (RER C) : 🚹♿
Avenue-Henri-Martin (RER C) : 🚹♿
Bercy (ligne 14) : ♿
Bibliothèque-François-Mitterrand (ligne 14 et RER C) : ♿
Boulainvilliers (RER C) : 🚹♿
Charles-de-Gaulle-Étoile (RER A) : ♿
Châtelet (ligne 14) : ♿
Châtelet-Les Halles (RER A, B et D) : ♿
Cité-Universitaire (RER B) : ♿
Cour-Saint-Émilion (ligne 14) : ♿
Denfert-Rochereau (RER B) : ♿
La Défense-Grande-Arche (RER A) : ♿
Gare-de-Lyon (RER A et D, ligne 14) : ♿
Gare-du-Nord (RER B et D) : ♿

Haussmann-Saint-Lazare (RER E) :
Invalides (RER C) :
La Plaine-Stade-de-France (RER B) :
Saint-Lazare (ligne 14) :
Stade-de-France-Saint-Denis (RER D) :
Madeleine (ligne 14) :
Magenta (RER E) :
Neuilly-Porte-Maillot (RER C) :
Pereire-Levallois (RER C) :
Port-Royal (RER B) :
Porte-de-Clichy (RER C) :
Pyramides (ligne 14) :
Saint-Michel-Notre-Dame (RER B seulement) :

En voiture

www.infoparking.com

Tout sur les parkings publics à Paris, avec notamment comme critère de recherche l'accessibilité en fauteuil roulant. Il suffit d'entrer la station de métro la plus proche de l'endroit où vous vous rendez et le site énumère les parkings disponibles. **Magique** ! De nombreux parkings offrent des réductions tarifaires pour les handicapés. Renseignez-vous.

Stationnement réservé

Savez-vous que vous pouvez demander à la préfecture de Police qu'elle crée un emplacement réservé ***près de votre domicile, de votre lieu de travail*** *ou de n'importe quel endroit du moment que vous justifiez vous y rendre régulièrement ? Il suffit d'écrire à : Préfecture de Police, Direction de la circulation, des transports et du commerce, Bureau d'études et de documentation (pièce 1317), 7, boulevard du Palais, 75004 Paris, en envoyant une photocopie de la carte d'invalidité et du macaron, et une lettre motivant votre demande.*

8

Associations et numéros utiles

Voici une sélection (sévère) d'associations, de sites Internet et de numéros utiles: emploi, infos médicales, assistance juridique ou activités culturelles... Les associations sportives sont énumérées au chapitre "Banc de touche et chaise d'arbitre", p. 73.

L'ADAPT (Association pour l'insertion sociale et professionnelle des personnes handicapées)

14, rue Scandicci, 93508 Pantin Cedex – Tél. 01 48 10 12 34 – www.ladapt.net

Le parti-pris de l'association est simple : les personnes handicapées peuvent travailler et vivre comme les autres, pour peu qu'on leur offre les mêmes possibilités d'accès aux outils indispensables que sont les écoles, les entreprises, les services publics, etc.

Agefiph – Délégation d'Ile-de-France

192, avenue Aristide Briand, 92226 Bagneux cedex
Tél. 01 46 11 01 55 – Fax 01 46 11 01 52 – www.agefiph.asso.fr

L'Agefiph gère le fruit des amendes versées par les entreprises qui n'embauchent pas les 6 % d'handicapés imposés par la loi. Son objectif : favoriser **l'accès et le maintien dans l'emploi** des personnes handicapées. Ses moyens : conseil (offres d'emploi, aide aux entreprises et aux personnes concernées), aide au financement (pour un ordinateur, une voiture qui permet de se rendre sur son lieu de travail, l'aménagement d'un bureau). Ils sont d'une efficacité remarquable.

Association française contre les myopathies – Coordination Paris

9, place de Rungis, 13e – www.coordination75.telethon.fr
Site général de l'AFM : www.afm-france.org
Responsables : Élisabeth Gambier, tél. 01 44 76 75 02, srai75@afm-telethon.asso.fr – Jean-Jacques Chavrondier, tél. 01 44 16 75 06, telethon75@afm.genethon.fr

Autre structure "institutionnelle" et incontournable : l'association française contre les myopathies, que chacun connaît grâce au Téléthon. À sa création en 1958, l'AFM s'est fixé deux missions : **guérir les maladies neuromusculaires** et réduire le handicap qu'elles provoquent. Organisé chaque premier week-end de décembre, le Téléthon permet non seulement de collecter des fonds, mais aussi de sensibiliser le grand public à des problèmes sans cela complètement délaissés. Mais le Téléthon n'est que la partie visible de l'iceberg : tout le reste de l'année, l'association œuvre pour la recherche génétique et la reconnaissance par les pouvoirs publics des maladies rares. Par ailleurs, bénévoles et permanents s'activent pour améliorer les conditions de vie des personnes touchées par la myopathie.

Association des paralysés de France

17, boulevard Auguste-Blanqui, 13e – Tél. 01 40 78 69 00 – www.apf.asso.fr
Cercle culturel : Mme Sourdillon, tél. 01 45 33 85 80, permanence téléphonique le mercredi matin – Alinéa : tél. 01 53 79 09 09, apf-alinea-pai@voila.fr
Bus : 27 – ♿ **WC+**

Plus la peine de présenter l'APF, tant elle est constamment associée à **tout ce qui se fait et se pense en matière de handicap** en France. À Paris, pas moins de 1 700 adhérents, 50 salariés et 150 bénévoles s'occupent des différents services (aide juridique, sensibilisation à l'accessibilité, prêt de matériel...). On oublie souvent le cercle culturel mis à la disposition des adhérents et de leurs amis. Au programme : six conférences par an, en général sur des sujets touchant à l'art au sens large (peinture, architecture, artisanat...) par des spécialistes de renom. Les conférences ont lieu au siège, le lundi après-midi (30 € pour les six, 6,50 € l'une). Le cercle organise également des visites guidées d'exposition, souvent le jour de fermeture des musées, ce qui permet de profiter des collections dans des conditions exceptionnelles (8 visites 53 €, une visite 8,50 €).
Mais l'APF, c'est aussi Alinéa : yoga, théâtre, cours d'informatique, arts plastiques, cuisine, sarbacane... plein d'activités sont ouvertes à tous, du lundi au vendredi, les après-midi, au siège de l'association.

Cotorep

204, quai Jemmapes, 10e – Tél. 01 44 84 42 81 (1re section) et 01 44 84 42 82 (2e section)
Bus : 26 – ♿ **WC+**

La **reconnaissance légale de votre handicap** passe par la Cotorep (Commission technique d'orientation et de reclassement professionnel). La première section est compétente en matière de reclassement professionnel et attribue entre autres l'indispensable "reconnaissance du travailleur handicapé"; la deuxième section délivre carte d'invalidité, carte de stationnement et accorde le taux d'invalidité qui détermine le droit aux allocations... En bref, sans la Cotorep, vous n'êtes pas handicapé au regard des institutions, ce qui peut poser quelques problèmes... Il est malheureusement quasiment impossible de les joindre au téléphone.

Ecoute Handicap Moteur

Tél. 0800 500 597 (appel gratuit) de 14h à 20h le lundi et le mardi et de 14h à 18h le jeudi et le vendredi

Un coup de blues ? Besoin d'un conseil, d'une oreille ? Cette ligne mise en place par l'APF est là pour vous orienter, vous **réconforter** et vous remettre d'aplomb. Attention, votre correspondant ne pourra pas vous offrir un suivi thérapeutique.

Mais que fait la mairie ?

L'adaptation de Paris aux personnes en fauteuil roulant reste plus que douteuse. En soi, c'est usant ; mais surtout cela devient rageant car ***le minimum serait que les pouvoirs publics appliquent et fassent appliquer la loi*** *qui nous protège depuis 1975. La mairie a largement participé à la récente émulation entourant l'intégration des handicapés. Il faut dire que le retard sur les grandes villes européennes est parfois considérable et les efforts pour le rattraper pas toujours visibles. Notons ainsi (et en vrac) qu'il est fréquent de voir ouvrir – ou rouvrir après travaux – des établissements qui ne se soucient absolument pas des normes d'accessibilité ; que l'effort en faveur de l'intégration professionnelle des personnes handicapées ne permet pas à la Ville de Paris d'atteindre le seuil légal de 6 % ; ou encore que le trop célèbre mythe des sanisettes adaptées (voir p. 88) reste encore et toujours… un mythe. Enfin, on attend un recensement vraiment fiable de tous les lieux ouverts au public accessibles, qui ne se cantonnerait pas aux musées et jardins.*

Il est indéniable que l'on ressent aujourd'hui quelques évolutions, qui passent notamment par la forte augmentation du budget consacré aux handicapés (multiplié par 5 entre 2000 et 2003). Espérons que ce soit le signe d'une réelle prise en compte du problème et non une simple opération de communication ; car n'oublions pas que là où l'information sert celui qui la recherche, la communication ne sert que celui qui la diffuse ! Chacun a pu lire, pour clore l'année européenne des personnes handicapées, le slogan de la municipalité : "120 000 personnes handicapées à Paris : on fait quoi pour mieux vivre ensemble ?" La question est posée, nous attendons les réponses…

Handipass

3-7, rue des Nanettes, 11e – Tél. 01 43 38 27 34 – Fax 01 43 38 42 95
ale.handipass@anpe.fr

Handipass est une **agence de l'ANPE spécialisée** dans l'accueil des travailleurs handicapés.

Institut Garches

Hôpital Raymond-Poincaré, 104, boulevard Raymond-Poincaré,
92380 Garches – www.handicap.org
Contact : Bruno Guillon, tél./fax : 01 47 41 08 27, guillon@handicap.org

L'Institut a été créé pour vous aider à **choisir votre fauteuil roulant** en fonction de votre handicap et de votre mode de vie. On trouve sur le site Internet des fiches avec les prix, le remboursement sécurité sociale, les caractéristiques techniques... Mais le mieux est de contacter directement Bruno Guillon, qui dispose sur place de pas moins de 120 fauteuils que vous pourrez essayer; il est de très bon conseil et connaît les contraintes de chaque handicap. Attention : il faut prendre rendez-vous plusieurs semaines à l'avance, succès oblige!

Intégral ♥

48-50, rue Auguste-Lançon, 13e – Tél. 01 45 88 33 00 – www.integral.fr
Du lundi au vendredi de 9h à 12h30 et de 14h à 19h – ♿ **WC+**

Un magasin de fauteuils roulants est rarement le genre d'endroit devant lequel on surprend des enfants à rêver de **bolides au design futuriste**. C'est pourtant ce qu'a réussi à faire l'équipe d'Intégral, en remplissant sa vitrine de fauteuils de sport, handbikes et autres matériels de ski... Et c'est du coup toute une image de la personne en fauteuil roulant qui s'en trouve transformée. Mais ce n'est pas tout : passez taper un brin de causette avec Isabelle, Christopher, Alain, Emmanuel ou Youssef, et vous comprendrez pourquoi ce simple magasin s'est imposé comme le fournisseur-réparateur-loueur officiel de beaucoup d'handicapés parisiens.

Ohé Prométhée

Immeuble Le Chaumont, 43 bis, rue d'Hautpoul, 19e
Tél. 01 44 52 40 60 – www.ope.org – ohepromethee.paris@ohe75.org

Cette association a pour mission d'aider les personnes en situation de handicap à trouver un emploi. Une équipe composée de conseillers en recrutement, d'ergonomes, de psychologues, de formateurs et de médecins du travail accompagne les personnes en demande grâce à un diagnostic personnalisé, à un bilan de compétences et au conseil en formation. Par ailleurs, l'association informe les entreprises sur la loi de 1987 (les fameux "6 %" de travailleurs handicapés), notamment en diagnostiquant l'application de cette loi au cas par cas. À travers toutes ces démarches, Ohé Prométhée se place comme un **interlocuteur privilégié entre les entreprises et les travailleurs handicapés**.

Plate-forme d'accueil et d'information des personnes handicapées

94-96, quai de la Rapée, 12e – Tél. 0 800 033 748 (appel gratuit),
01 43 47 77 99 et 01 43 47 70 70
Bus : 24, 63 – Du lundi au jeudi de 9h à 12h et de 14h à 17h, le vendredi jusqu'à 16h – ♿ **WC**

Mis en place par la mairie de Paris, ce service renseigne sur les démarches administratives et les dispositifs existants, en particulier en ce qui concerne l'**insertion sociale et professionnelle**. Il fonctionne soit par téléphone, soit sur rendez-vous pour un entretien individuel.

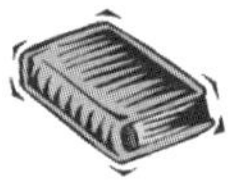

SOS Handicap de l'Institut Garches

Tél. 01 47 10 70 20 du lundi au vendredi de 9h à 17h30
Fax 01 47 41 07 24 – institut-garches@handicap.org

Si votre médecin de famille (ou un médecin que vous n'avez pas l'habitude de consulter) a besoin des conseils d'un confrère plus spécialisé sur votre pathologie, voilà le numéro qu'il lui faut. Des **spécialistes du handicap moteur** répondent aux questions non seulement médicales, mais aussi plus "techniques" : comment prescrire un fauteuil, obtenir une aide à domicile, aménager un lieu de vie… Ce service est d'abord destiné aux médecins.

Yanous ! ♥

www.yanous.com

Ce site francophone absolument incontournable est construit comme un hebdomadaire et donc mis à jour chaque semaine. Les informations sont pertinentes, contrôlées, documentées. Le plus : une base de données qui renvoie sur des dizaines de sites, classés par handicap ou par genre (administration, droit, centre de rééducation, scolarité, aide à domicile…) et intelligemment commentés : vous trouverez **absolument tout ce dont vous avez besoin** ! N'oubliez pas non plus de consulter les archives, dans lesquelles on dégote toujours des choses intéressantes.

Le site est organisé en différentes rubriques, parmi lesquelles :
– *News* : des articles sur le handicap mis à jour, sur tous les sujets : société, actualité, politique, etc. ;
– *Pratique* : des aides techniques, des adresses de vacances ;
– *Tribus* : liens par "classes" de handicap, par exemple handicap moteur ou femmes handicapées ;
– *Canal Handi* : agenda de tout ce qui se dit sur le handicap dans les médias par semaine.
Il y a aussi des forums et des petites annonces. Le seul problème de Yanous ! : on apprend tellement de choses qu'on y passe l'après-midi ! Félicitations à l'équipe.

Les revues spécialisées

La presse spécialisée est une mine d'informations, tant sur des questions médicales que pour des adresses de vacances, des témoignages instructifs, des petites annonces… Voici quelques titres parmi les plus répandus concernant le handicap moteur :

• Être Handicap Information : *www.etre-handicap-info.com*
• Faire face *"le magazine des personnes ayant un handicap moteur"*, édité par *l'APF : www.apf-asso.fr*
• J'accède *"le mensuel des personnes à mobilité réduite" : www.jaccede.com*
• Le Point carré *"édité par des handicapés, pour des handicapés", publié par le club de loisirs et d'entraide de l'hôpital Raymond-Poincaré (Garches) : www.handicap.org*
• Handisport magazine, *revue officielle de la fédération française handisport : www.handisport.org*

Index

1er arrondissement

2e arrondissement

3e arrondissement

4e arrondissement

5e arrondissement

6e arrondissement

7e arrondissement

8e arrondissement

9e arrondissement

10e arrondissement

11e arrondissement

12e arrondissement

13e arrondissement

14e arrondissement

15e arrondissement

16e arrondissement

17e arrondissement

18e arrondissement

19e arrondissement

20e arrondissement

EN BANLIEUE...

Essonne

Hauts-de-Seine

Seine-Saint-Denis

Val-de-Marne

Dans la même collection

À chacun son café
Avoir un chat à Paris
Bien naître à Paris
Chanter à Paris
Comment devenir une vraie Parisienne
Cuisiner comme un chef à Paris
Danser à Paris
Découvrir les sciences à Paris
Faire de la musique à Paris
Faire du vélo à Paris
Guide de l'écocitoyen à Paris
Guide de survie de l'étudiant parisien
Jardiner à Paris
Jolis hôtels de Paris à petits prix
La bande dessinée à Paris
La photographie à Paris
L'ésotérisme à Paris
Le jazz à Paris
Le monde à Paris
Le roller à Paris
Le thé à Paris
Le théâtre à Paris
Les meilleurs brunchs de Paris
Les meilleurs dépôts-ventes de Paris
Les mercredis des petits Parisiens
Nuits blanches à Paris
Où s'embrasser à Paris
Où trouver le calme à Paris
Paris anti-stress
Paris brico-déco
Paris Chocolat
Paris cinéphile
Paris cool
Paris en fauteuil
Paris en toutes lettres
Paris Gourmandises
Paris des libres savoirs
Paris les pieds dans l'eau
Paris Patrimoine
Paris récup'
Paris rétro
Paris sur mesure
Se loger à Paris
SOS Jeune mère parisienne
The Best Places to Kiss in Paris
Trouver un Jules à Paris
Vivre bio à Paris

ISBN : 2-84096-350-7
Dépôt légal : mars 2004
Achevé d'imprimer en mars 2004
dans les ateliers de Sagim-Canale, à Courtry
N° d'impression : 7276
Avec la collaboration de Pascal Tilche